普通高等教育"十四五"规划教材·课程思政系列
南京财经大学（国家级）经济管理实验教学示范中心精品课程教材
南京财经大学会计学专业系列教材
南京财经大学（国家级）一流本科专业建设教材
江苏高校品牌专业建设工程项目资助项目

企业会计模拟实训通用账簿（第二版）

主编／成骏 胡桂青

立信会计出版社
LIXIN ACCOUNTING PUBLISHING HOUSE

图书在版编目(CIP)数据

企业会计模拟实训通用账簿 / 成骏，胡桂青主编. 2 版. --上海：立信会计出版社，2024.7. -- ISBN 978-7-5429-7698-7(2025.7 重印)

Ⅰ. F275.2

中国国家版本馆 CIP 数据核字第 2024EN1768 号

策划编辑　王斯龙
责任编辑　王斯龙
美术编辑　吴博闻

企业会计模拟实训通用账簿(第二版)

QIYE KUAIJI MONI SHIXUN TONGYONG ZHANGBU

出版发行	立信会计出版社		
地　　址	上海市中山西路 2230 号	邮政编码	200235
电　　话	(021)64411389	传　　真	(021)64411325
网　　址	www.lixinaph.com	电子邮箱	lixinaph2019@126.com
网上书店	http://lixin.jd.com		http://lxkjcbs.tmall.com
经　　销	各地新华书店		

印　　刷	常熟市人民印刷有限公司	
开　　本	787 毫米×1092 毫米	1/16
印　　张	20	
字　　数	492 千字	
版　　次	2024 年 7 月第 2 版	
印　　次	2025 年 7 月第 3 次	
书　　号	ISBN 978-7-5429-7698-7/F	
定　　价	49.00 元	

第二版前言

本账簿是《企业会计模拟实训》教材的配套账簿，也可以作为业务数量在100笔左右的综合实训课程的账簿。本书包括通用记账凭证、日记账、总分类账、明细分类账等空表，供学生填制使用。

本书是南京财经大学会计学专业系列教材之一，也是南京财经大学（国家级）经济管理实验教学示范中心精品实验课程建设教材、南京财经大学（国家级）一流本科专业建设教材。同时，本书也是江苏高校品牌专业建设工程项目资助项目的成果。本书由成骏、胡桂青任主编。

本书可作为学校综合实训课程账簿，也可作为自学和自考类的在职人员及企业财务人员的学习资料。

在本书的编写过程中，编者就编写大纲和教材内容进行了广泛深入的讨论！由于水平有限，书中难免有疏漏之处，敬请读者批评指正。

编　者

2024年7月

本账簿所对应的《企业会计模拟实训》具有以下特点：

1. 难度及题量适当。结合实际教学要求，《企业会计模拟实训》的难度和题量设置以适度、够用为主，使学生通过本课程的学习能够体会到会计实务工作的过程。

2. 思政德育结合。教育部印发的《高等学校课程思政建设指导纲要》指出，课程思政建设要在所有高校、所有学科专业全面推进。响应此号召，《企业会计模拟实训》配套"课程思政"教学大纲及有关资源，旨在通过"做中学"的方式，让学生深刻体会会计人员应该遵从的思政德育要求。

3. 配套丰富的教学资源。《企业会计模拟实训》配套参考答案、课件、教案、教学大纲、视频等教学资源。

目　录

公司

记　账　凭　证　封　面

第　册
共　册

自　　年　　月　　日至　　年　　月　　日

凭证名称	凭证起讫号码		凭证张数	附件张数	备注
	自	至			

会计档案	全宗号	目录号	案卷号	保管年限

财会主管　　　　装订人

抽　出　凭　证　记　录

抽出日期			抽出凭证名称	抽出原因	抽出人签字	经管人签字	归还日期			收件人
年	月	日					年	月	日	

公司

记 账 凭 证 封 面

第 册
共 册

自 年 月 日至 年 月 日

凭证名称	凭证起讫号码		凭证张数	附件张数	备注
	自	至			

会计档案	全宗号	目录号	案卷号	保管年限

财会主管 装订人

抽 出 凭 证 记 录

抽出日期			抽出凭证名称	抽出原因	抽出人签字	经管人签字	归还日期			收件人
年	月	日					年	月	日	

公司

记 账 凭 证 封 面

第 册	
共 册	

自　　年　　月　　日至　　年　　月　　日

凭证名称	凭证起讫号码		凭证张数	附件张数	备注
	自	至			

会计档案	全宗号	目录号	案卷号	保管年限

财会主管　　　　装订人

抽 出 凭 证 记 录

抽出日期			抽出凭证名称	抽出原因	抽出人签字	经管人签字	归还日期			收件人
年	月	日					年	月	日	

公司

记 账 凭 证 封 面

第 册
共 册

自　　年　　月　　日至　　年　　月　　日

凭证名称	凭证起讫号码		凭证张数	附件张数	备注
	自	至			

会计档案	全宗号	目录号	案卷号	保管年限

财会主管　　　　装订人

抽 出 凭 证 记 录

抽出日期			抽出凭证名称	抽出原因	抽出人签字	经管人签字	归还日期			收件人
年	月	日					年	月	日	

记账凭证封底

记账凭证封底

记账凭证封底

记账凭证封底

年
月 第 号至第 号 第
共 册
册

记账凭证包角

年
月 第 号至第 号 第
共 册
册

记账凭证包角

年
月 第 号至第 号 第
共 册
册

年
月 第 号至第 号 第
共 册
册

记 账 凭 证

年　　月　　日　　　　　　　　字第　　号

摘要	总账科目	明细科目	借方金额										√	贷方金额										√
			千	百	十	万	千	百	十	元	角	分		千	百	十	万	千	百	十	元	角	分	
合计																								

附单据　　张

财务主管　　　　记账　　　　出纳　　　　审核　　　　制单

注:实务中,记账凭证为单面填写。本书提供的记账凭证数量可满足正常使用,但考虑到有的学生错误率较高,故双面印制。背面的记账凭证只能在前页填错时使用,不得前后同时填制。

记 账 凭 证

年　　月　　日　　　　　　　　字第　　号

摘要	总账科目	明细科目	借方金额										√	贷方金额										√
			千	百	十	万	千	百	十	元	角	分		千	百	十	万	千	百	十	元	角	分	
合计																								

附单据　　张

财务主管　　　　记账　　　　出纳　　　　审核　　　　制单

记 账 凭 证

年　　月　　日　　　　　　　　　　　　字第　　号

摘　要	总账科目	明细科目	借方金额										✓	贷方金额										✓
			千	百	十	万	千	百	十	元	角	分		千	百	十	万	千	百	十	元	角	分	
合　计																								

附单据　　张

财务主管　　　　记账　　　　出纳　　　　审核　　　　制单

记 账 凭 证

年　　月　　日　　　　　　　　　　　　字第　　号

摘　要	总账科目	明细科目	借方金额										✓	贷方金额										✓
			千	百	十	万	千	百	十	元	角	分		千	百	十	万	千	百	十	元	角	分	
合　计																								

附单据　　张

财务主管　　　　记账　　　　出纳　　　　审核　　　　制单

记 账 凭 证

年　　月　　日　　　　　　字第　　号

摘　　要	总账科目	明细科目	借方金额										✓	贷方金额										✓
			千	百	十	万	千	百	十	元	角	分		千	百	十	万	千	百	十	元	角	分	
合　　计																								

附单据　　张

财务主管　　　　记账　　　　出纳　　　　审核　　　　制单

记 账 凭 证

年　　月　　日　　　　　　字第　　号

摘　　要	总账科目	明细科目	借方金额										✓	贷方金额										✓
			千	百	十	万	千	百	十	元	角	分		千	百	十	万	千	百	十	元	角	分	
合　　计																								

附单据　　张

财务主管　　　　记账　　　　出纳　　　　审核　　　　制单

记 账 凭 证

年　　月　　日　　　　　　　　字第　　号

摘　要	总账科目	明细科目	借方金额										✓	贷方金额										✓
			千	百	十	万	千	百	十	元	角	分		千	百	十	万	千	百	十	元	角	分	
合　计																								

附单据　　张

财务主管　　　记账　　　出纳　　　审核　　　制单

记 账 凭 证

年　　月　　日　　　　　　　　字第　　号

摘　要	总账科目	明细科目	借方金额										✓	贷方金额										✓
			千	百	十	万	千	百	十	元	角	分		千	百	十	万	千	百	十	元	角	分	
合　计																								

附单据　　张

财务主管　　　记账　　　出纳　　　审核　　　制单

记账凭证

年　月　日　　　　字第　号

摘要	总账科目	明细科目	借方金额										✓	贷方金额										✓
			千	百	十	万	千	百	十	元	角	分		千	百	十	万	千	百	十	元	角	分	
合计																								

附单据　张

财务主管　　记账　　出纳　　审核　　制单

记账凭证

年　月　日　　　　字第　号

摘要	总账科目	明细科目	借方金额										✓	贷方金额										✓
			千	百	十	万	千	百	十	元	角	分		千	百	十	万	千	百	十	元	角	分	
合计																								

附单据　张

财务主管　　记账　　出纳　　审核　　制单

记账凭证

年　　月　　日　　　　　　　　　　　　字第　　号

摘　要	总账科目	明细科目	借方金额										✓	贷方金额										✓
			千	百	十	万	千	百	十	元	角	分		千	百	十	万	千	百	十	元	角	分	
合　计																								

附单据　　张

财务主管　　　　记账　　　　出纳　　　　审核　　　　制单

记账凭证

年　　月　　日　　　　　　　　　　　　字第　　号

摘　要	总账科目	明细科目	借方金额										✓	贷方金额										✓
			千	百	十	万	千	百	十	元	角	分		千	百	十	万	千	百	十	元	角	分	
合　计																								

附单据　　张

财务主管　　　　记账　　　　出纳　　　　审核　　　　制单

记 账 凭 证

年　　月　　日　　　　字第　　号

摘　　要	总账科目	明细科目	借方金额										✓	贷方金额										✓
			千	百	十	万	千	百	十	元	角	分		千	百	十	万	千	百	十	元	角	分	
合　　计																								

附单据　　张

财务主管　　记账　　出纳　　审核　　制单

记 账 凭 证

年　　月　　日　　　　字第　　号

摘　　要	总账科目	明细科目	借方金额										✓	贷方金额										✓
			千	百	十	万	千	百	十	元	角	分		千	百	十	万	千	百	十	元	角	分	
合　　计																								

附单据　　张

财务主管　　记账　　出纳　　审核　　制单

记账凭证

年　　月　　日　　　　　　　　　　　　字第　　号

摘要	总账科目	明细科目	借方金额										✓	贷方金额										✓
			千	百	十	万	千	百	十	元	角	分		千	百	十	万	千	百	十	元	角	分	
合计																								

附单据　　张

财务主管　　　　记账　　　　出纳　　　　审核　　　　制单

记账凭证

年　　月　　日　　　　　　　　　　　　字第　　号

摘要	总账科目	明细科目	借方金额										✓	贷方金额										✓
			千	百	十	万	千	百	十	元	角	分		千	百	十	万	千	百	十	元	角	分	
合计																								

附单据　　张

财务主管　　　　记账　　　　出纳　　　　审核　　　　制单

记 账 凭 证

年 月 日 字第 号

摘 要	总账科目	明细科目	借方金额										✓	贷方金额										✓
			千	百	十	万	千	百	十	元	角	分		千	百	十	万	千	百	十	元	角	分	
合 计																								

附单据 张

财务主管 记账 出纳 审核 制单

记 账 凭 证

年 月 日 字第 号

摘 要	总账科目	明细科目	借方金额										✓	贷方金额										✓
			千	百	十	万	千	百	十	元	角	分		千	百	十	万	千	百	十	元	角	分	
合 计																								

附单据 张

财务主管 记账 出纳 审核 制单

记账凭证

年　月　日　　　　　　　　字第　号

摘要	总账科目	明细科目	借方金额										✓	贷方金额										✓
			千	百	十	万	千	百	十	元	角	分		千	百	十	万	千	百	十	元	角	分	
合计																								

附单据　张

财务主管　　记账　　出纳　　审核　　制单

记账凭证

年　月　日　　　　　　　　字第　号

摘要	总账科目	明细科目	借方金额										✓	贷方金额										✓
			千	百	十	万	千	百	十	元	角	分		千	百	十	万	千	百	十	元	角	分	
合计																								

附单据　张

财务主管　　记账　　出纳　　审核　　制单

记账凭证

年　　月　　日　　　　　　　　　　　　　　字第　　号

摘要	总账科目	明细科目	借方金额										✓	贷方金额										✓
			千	百	十	万	千	百	十	元	角	分		千	百	十	万	千	百	十	元	角	分	
合计																								

附单据　　张

财务主管　　　　记账　　　　出纳　　　　审核　　　　制单

记账凭证

年　　月　　日　　　　　　　　　　　　　　字第　　号

摘要	总账科目	明细科目	借方金额										✓	贷方金额										✓
			千	百	十	万	千	百	十	元	角	分		千	百	十	万	千	百	十	元	角	分	
合计																								

附单据　　张

财务主管　　　　记账　　　　出纳　　　　审核　　　　制单

记 账 凭 证

年　　月　　日　　　　　　　　　　字第　　号

摘　要	总账科目	明细科目	借方金额										✓	贷方金额										✓
			千	百	十	万	千	百	十	元	角	分		千	百	十	万	千	百	十	元	角	分	
合　计																								

附单据　　张

财务主管　　　　记账　　　　出纳　　　　审核　　　　制单

记 账 凭 证

年　　月　　日　　　　　　　　　　字第　　号

摘　要	总账科目	明细科目	借方金额										✓	贷方金额										✓
			千	百	十	万	千	百	十	元	角	分		千	百	十	万	千	百	十	元	角	分	
合　计																								

附单据　　张

财务主管　　　　记账　　　　出纳　　　　审核　　　　制单

记 账 凭 证

年　　月　　日　　　　　　　　字第　　号

摘　要	总账科目	明细科目	借方金额										✓	贷方金额										✓
			千	百	十	万	千	百	十	元	角	分		千	百	十	万	千	百	十	元	角	分	
合　计																								

附单据　张

财务主管　　记账　　出纳　　审核　　制单

记 账 凭 证

年　　月　　日　　　　　　　　字第　　号

摘　要	总账科目	明细科目	借方金额										✓	贷方金额										✓
			千	百	十	万	千	百	十	元	角	分		千	百	十	万	千	百	十	元	角	分	
合　计																								

附单据　张

财务主管　　记账　　出纳　　审核　　制单

记 账 凭 证

年　　月　　日　　　　　　　　　　字第　　号

摘　要	总账科目	明细科目	借方金额										√	贷方金额										√
			千	百	十	万	千	百	十	元	角	分		千	百	十	万	千	百	十	元	角	分	
合　计																								

附单据　张

财务主管　　　　记账　　　　出纳　　　　审核　　　　制单

记 账 凭 证

年　　月　　日　　　　　　　　　　字第　　号

摘　要	总账科目	明细科目	借方金额										√	贷方金额										√
			千	百	十	万	千	百	十	元	角	分		千	百	十	万	千	百	十	元	角	分	
合　计																								

附单据　张

财务主管　　　　记账　　　　出纳　　　　审核　　　　制单

记 账 凭 证

年　　月　　日　　　　　　　　字第　　号

摘　要	总账科目	明细科目	借方金额										√	贷方金额										√
			千	百	十	万	千	百	十	元	角	分		千	百	十	万	千	百	十	元	角	分	
合　计																								

附单据　　张

财务主管　　记账　　出纳　　审核　　制单

记 账 凭 证

年　　月　　日　　　　　　　　字第　　号

摘　要	总账科目	明细科目	借方金额										√	贷方金额										√
			千	百	十	万	千	百	十	元	角	分		千	百	十	万	千	百	十	元	角	分	
合　计																								

附单据　　张

财务主管　　记账　　出纳　　审核　　制单

记 账 凭 证

年　　月　　日　　　　　　　　　　字第　　号

摘　要	总账科目	明细科目	借方金额										✓	贷方金额										✓
			千	百	十	万	千	百	十	元	角	分		千	百	十	万	千	百	十	元	角	分	
合　计																								

附单据　张

财务主管　　　　记账　　　　出纳　　　　审核　　　　制单

记 账 凭 证

年　　月　　日　　　　　　　　　　字第　　号

摘　要	总账科目	明细科目	借方金额										✓	贷方金额										✓
			千	百	十	万	千	百	十	元	角	分		千	百	十	万	千	百	十	元	角	分	
合　计																								

附单据　张

财务主管　　　　记账　　　　出纳　　　　审核　　　　制单

记账凭证

年　　月　　日　　　　　　　　字第　　号

摘　　要	总账科目	明细科目	借方金额										√	贷方金额										√
			千	百	十	万	千	百	十	元	角	分		千	百	十	万	千	百	十	元	角	分	
合　　计																								

附单据　　张

财务主管　　　记账　　　出纳　　　审核　　　制单

记账凭证

年　　月　　日　　　　　　　　字第　　号

摘　　要	总账科目	明细科目	借方金额										√	贷方金额										√
			千	百	十	万	千	百	十	元	角	分		千	百	十	万	千	百	十	元	角	分	
合　　计																								

附单据　　张

财务主管　　　记账　　　出纳　　　审核　　　制单

记账凭证

年　　月　　日　　　　　　　　　　　　字第　　号

摘要	总账科目	明细科目	借方金额										✓	贷方金额										✓
			千	百	十	万	千	百	十	元	角	分		千	百	十	万	千	百	十	元	角	分	
合计																								

附单据　　张

财务主管　　　　记账　　　　出纳　　　　审核　　　　制单

记账凭证

年　　月　　日　　　　　　　　　　　　字第　　号

摘要	总账科目	明细科目	借方金额										✓	贷方金额										✓
			千	百	十	万	千	百	十	元	角	分		千	百	十	万	千	百	十	元	角	分	
合计																								

附单据　　张

财务主管　　　　记账　　　　出纳　　　　审核　　　　制单

记 账 凭 证

年 月 日 字第 号

摘 要	总账科目	明细科目	借方金额										√	贷方金额										√
			千	百	十	万	千	百	十	元	角	分		千	百	十	万	千	百	十	元	角	分	
合 计																								

附单据 张

财务主管 记账 出纳 审核 制单

记 账 凭 证

年 月 日 字第 号

摘 要	总账科目	明细科目	借方金额										√	贷方金额										√
			千	百	十	万	千	百	十	元	角	分		千	百	十	万	千	百	十	元	角	分	
合 计																								

附单据 张

财务主管 记账 出纳 审核 制单

记账凭证

年　　月　　日　　　　　　　　字第　　号

摘　　要	总账科目	明细科目	借方金额										√	贷方金额										√
			千	百	十	万	千	百	十	元	角	分		千	百	十	万	千	百	十	元	角	分	
合　　计																								

附单据　　张

财务主管　　　　记账　　　　出纳　　　　审核　　　　制单

记账凭证

年　　月　　日　　　　　　　　字第　　号

摘　　要	总账科目	明细科目	借方金额										√	贷方金额										√
			千	百	十	万	千	百	十	元	角	分		千	百	十	万	千	百	十	元	角	分	
合　　计																								

附单据　　张

财务主管　　　　记账　　　　出纳　　　　审核　　　　制单

记账凭证

年　　月　　日　　　　　　　　　　字第　　号

摘要	总账科目	明细科目	借方金额										✓	贷方金额										✓
			千	百	十	万	千	百	十	元	角	分		千	百	十	万	千	百	十	元	角	分	
合计																								

附单据　　张

财务主管　　　记账　　　出纳　　　审核　　　制单

记账凭证

年　　月　　日　　　　　　　　　　字第　　号

摘要	总账科目	明细科目	借方金额										✓	贷方金额										✓
			千	百	十	万	千	百	十	元	角	分		千	百	十	万	千	百	十	元	角	分	
合计																								

附单据　　张

财务主管　　　记账　　　出纳　　　审核　　　制单

记账凭证

年　　月　　日　　　　　　　　字第　　号

摘要	总账科目	明细科目	借方金额										✓	贷方金额										✓
			千	百	十	万	千	百	十	元	角	分		千	百	十	万	千	百	十	元	角	分	
合计																								

附单据　　张

财务主管　　　记账　　　出纳　　　审核　　　制单

记账凭证

年　　月　　日　　　　　　　　字第　　号

摘要	总账科目	明细科目	借方金额										✓	贷方金额										✓
			千	百	十	万	千	百	十	元	角	分		千	百	十	万	千	百	十	元	角	分	
合计																								

附单据　　张

财务主管　　　记账　　　出纳　　　审核　　　制单

记 账 凭 证

年　　月　　日　　　　　　　　字第　　号

摘　要	总账科目	明细科目	借方金额										✓	贷方金额										✓
			千	百	十	万	千	百	十	元	角	分		千	百	十	万	千	百	十	元	角	分	
合　计																								

附单据　　张

财务主管　　　记账　　　出纳　　　审核　　　制单

记 账 凭 证

年　　月　　日　　　　　　　　字第　　号

摘　要	总账科目	明细科目	借方金额										✓	贷方金额										✓
			千	百	十	万	千	百	十	元	角	分		千	百	十	万	千	百	十	元	角	分	
合　计																								

附单据　　张

财务主管　　　记账　　　出纳　　　审核　　　制单

记账凭证

年　　月　　日　　　　　　　　字第　　号

摘要	总账科目	明细科目	借方金额										✓	贷方金额										✓
			千	百	十	万	千	百	十	元	角	分		千	百	十	万	千	百	十	元	角	分	
合计																								

附单据　　张

财务主管　　　记账　　　出纳　　　审核　　　制单

记账凭证

年　　月　　日　　　　　　　　字第　　号

摘要	总账科目	明细科目	借方金额										✓	贷方金额										✓
			千	百	十	万	千	百	十	元	角	分		千	百	十	万	千	百	十	元	角	分	
合计																								

附单据　　张

财务主管　　　记账　　　出纳　　　审核　　　制单

记账凭证

年　　月　　日　　　　　　　　　　字第　　号

摘　要	总账科目	明细科目	借方金额										✓	贷方金额										✓
			千	百	十	万	千	百	十	元	角	分		千	百	十	万	千	百	十	元	角	分	
合　计																								

附单据　　张

财务主管　　　　记账　　　　出纳　　　　审核　　　　制单

记账凭证

年　　月　　日　　　　　　　　　　字第　　号

摘　要	总账科目	明细科目	借方金额										✓	贷方金额										✓
			千	百	十	万	千	百	十	元	角	分		千	百	十	万	千	百	十	元	角	分	
合　计																								

附单据　　张

财务主管　　　　记账　　　　出纳　　　　审核　　　　制单

记 账 凭 证

年　　月　　日　　　　　　　　　　　　　　字第　　号

摘　　要	总账科目	明细科目	借方金额										√	贷方金额										√
			千	百	十	万	千	百	十	元	角	分		千	百	十	万	千	百	十	元	角	分	
合　　计																								

附单据　　张

财务主管　　　　记账　　　　出纳　　　　审核　　　　制单

记 账 凭 证

年　　月　　日　　　　　　　　　　　　　　字第　　号

摘　　要	总账科目	明细科目	借方金额										√	贷方金额										√
			千	百	十	万	千	百	十	元	角	分		千	百	十	万	千	百	十	元	角	分	
合　　计																								

附单据　　张

财务主管　　　　记账　　　　出纳　　　　审核　　　　制单

记 账 凭 证

年 月 日 字第 号

摘 要	总账科目	明细科目	借方金额										✓	贷方金额										✓
			千	百	十	万	千	百	十	元	角	分		千	百	十	万	千	百	十	元	角	分	
合 计																								

附单据 张

财务主管 记账 出纳 审核 制单

记 账 凭 证

年 月 日 字第 号

摘 要	总账科目	明细科目	借方金额										✓	贷方金额										✓
			千	百	十	万	千	百	十	元	角	分		千	百	十	万	千	百	十	元	角	分	
合 计																								

附单据 张

财务主管 记账 出纳 审核 制单

记 账 凭 证

年　　月　　日　　　　　　　　字第　　号

摘　要	总账科目	明细科目	借方金额										✓	贷方金额										✓
			千	百	十	万	千	百	十	元	角	分		千	百	十	万	千	百	十	元	角	分	
合　计																								

附单据　　张

财务主管　　　记账　　　出纳　　　审核　　　制单

记 账 凭 证

年　　月　　日　　　　　　　　字第　　号

摘　要	总账科目	明细科目	借方金额										✓	贷方金额										✓
			千	百	十	万	千	百	十	元	角	分		千	百	十	万	千	百	十	元	角	分	
合　计																								

附单据　　张

财务主管　　　记账　　　出纳　　　审核　　　制单

记 账 凭 证

年　　月　　日　　　　　　　　　　　　　　字第　　号

摘　　要	总账科目	明细科目	借方金额										✓	贷方金额										✓
			千	百	十	万	千	百	十	元	角	分		千	百	十	万	千	百	十	元	角	分	
合　　计																								

附单据　　张

财务主管　　　　记账　　　　出纳　　　　审核　　　　制单

记 账 凭 证

年　　月　　日　　　　　　　　　　　　　　字第　　号

摘　　要	总账科目	明细科目	借方金额										✓	贷方金额										✓
			千	百	十	万	千	百	十	元	角	分		千	百	十	万	千	百	十	元	角	分	
合　　计																								

附单据　　张

财务主管　　　　记账　　　　出纳　　　　审核　　　　制单

记账凭证

年　　月　　日　　　　　　　　　　字第　　号

摘　要	总账科目	明细科目	借方金额										✓	贷方金额										✓
			千	百	十	万	千	百	十	元	角	分		千	百	十	万	千	百	十	元	角	分	
合　计																								

附单据　张

财务主管　　记账　　出纳　　审核　　制单

记账凭证

年　　月　　日　　　　　　　　　　字第　　号

摘　要	总账科目	明细科目	借方金额										✓	贷方金额										✓
			千	百	十	万	千	百	十	元	角	分		千	百	十	万	千	百	十	元	角	分	
合　计																								

附单据　张

财务主管　　记账　　出纳　　审核　　制单

记账凭证

年 月 日　　　　字第 号

摘要	总账科目	明细科目	借方金额										✓	贷方金额										✓
			千	百	十	万	千	百	十	元	角	分		千	百	十	万	千	百	十	元	角	分	
合计																								

附单据 张

财务主管　　记账　　出纳　　审核　　制单

记账凭证

年 月 日　　　　字第 号

摘要	总账科目	明细科目	借方金额										✓	贷方金额										✓
			千	百	十	万	千	百	十	元	角	分		千	百	十	万	千	百	十	元	角	分	
合计																								

附单据 张

财务主管　　记账　　出纳　　审核　　制单

记账凭证

年　月　日　　　　字第　号

摘要	总账科目	明细科目	借方金额										✓	贷方金额										✓
			千	百	十	万	千	百	十	元	角	分		千	百	十	万	千	百	十	元	角	分	
合计																								

附单据　张

财务主管　　记账　　出纳　　审核　　制单

记账凭证

年　月　日　　　　字第　号

摘要	总账科目	明细科目	借方金额										✓	贷方金额										✓
			千	百	十	万	千	百	十	元	角	分		千	百	十	万	千	百	十	元	角	分	
合计																								

附单据　张

财务主管　　记账　　出纳　　审核　　制单

记 账 凭 证

年　　月　　日　　　　　　　　字第　　号

摘　要	总账科目	明细科目	借方金额										✓	贷方金额										✓
			千	百	十	万	千	百	十	元	角	分		千	百	十	万	千	百	十	元	角	分	
合　计																								

附单据　张

财务主管　　记账　　出纳　　审核　　制单

记 账 凭 证

年　　月　　日　　　　　　　　字第　　号

摘　要	总账科目	明细科目	借方金额										✓	贷方金额										✓
			千	百	十	万	千	百	十	元	角	分		千	百	十	万	千	百	十	元	角	分	
合　计																								

附单据　张

财务主管　　记账　　出纳　　审核　　制单

记账凭证

年　　月　　日　　　　　　　　　　　　　　　　　字第　　号

摘要	总账科目	明细科目	借方金额										✓	贷方金额										✓
			千	百	十	万	千	百	十	元	角	分		千	百	十	万	千	百	十	元	角	分	
合计																								

附单据　　张

财务主管　　　　记账　　　　出纳　　　　审核　　　　制单

记账凭证

年　　月　　日　　　　　　　　　　　　　　　　　字第　　号

摘要	总账科目	明细科目	借方金额										✓	贷方金额										✓
			千	百	十	万	千	百	十	元	角	分		千	百	十	万	千	百	十	元	角	分	
合计																								

附单据　　张

财务主管　　　　记账　　　　出纳　　　　审核　　　　制单

记 账 凭 证

年　　月　　日　　　　　　　　字第　　号

摘　要	总账科目	明细科目	借方金额										✓	贷方金额										✓
			千	百	十	万	千	百	十	元	角	分		千	百	十	万	千	百	十	元	角	分	
合　计																								

附单据　　张

财务主管　　　　记账　　　　出纳　　　　审核　　　　制单

记 账 凭 证

年　　月　　日　　　　　　　　字第　　号

摘　要	总账科目	明细科目	借方金额										✓	贷方金额										✓
			千	百	十	万	千	百	十	元	角	分		千	百	十	万	千	百	十	元	角	分	
合　计																								

附单据　　张

财务主管　　　　记账　　　　出纳　　　　审核　　　　制单

记账凭证

年　月　日　　　　字第　号

摘要	总账科目	明细科目	借方金额										✓	贷方金额										✓
			千	百	十	万	千	百	十	元	角	分		千	百	十	万	千	百	十	元	角	分	
合计																								

附单据　张

财务主管　记账　出纳　审核　制单

记账凭证

年　月　日　　　　字第　号

摘要	总账科目	明细科目	借方金额										✓	贷方金额										✓
			千	百	十	万	千	百	十	元	角	分		千	百	十	万	千	百	十	元	角	分	
合计																								

附单据　张

财务主管　记账　出纳　审核　制单

记 账 凭 证

年　　月　　日　　　　　　　　　　字第　　号

摘　要	总账科目	明细科目	借方金额										✓	贷方金额										✓
			千	百	十	万	千	百	十	元	角	分		千	百	十	万	千	百	十	元	角	分	
合　计																								

附单据　　张

财务主管　　　　记账　　　　出纳　　　　审核　　　　制单

记 账 凭 证

年　　月　　日　　　　　　　　　　字第　　号

摘　要	总账科目	明细科目	借方金额										✓	贷方金额										✓
			千	百	十	万	千	百	十	元	角	分		千	百	十	万	千	百	十	元	角	分	
合　计																								

附单据　　张

财务主管　　　　记账　　　　出纳　　　　审核　　　　制单

记 账 凭 证

年　　月　　日　　　　　　　　　　　　字第　　号

摘　要	总账科目	明细科目	借方金额										√	贷方金额										√
			千	百	十	万	千	百	十	元	角	分		千	百	十	万	千	百	十	元	角	分	
合　计																								

附单据　　张

财务主管　　　　记账　　　　出纳　　　　审核　　　　制单

记 账 凭 证

年　　月　　日　　　　　　　　　　　　字第　　号

摘　要	总账科目	明细科目	借方金额										√	贷方金额										√
			千	百	十	万	千	百	十	元	角	分		千	百	十	万	千	百	十	元	角	分	
合　计																								

附单据　　张

财务主管　　　　记账　　　　出纳　　　　审核　　　　制单

记账凭证

年　月　日　　　　字第　号

摘要	总账科目	明细科目	借方金额										√	贷方金额										√
			千	百	十	万	千	百	十	元	角	分		千	百	十	万	千	百	十	元	角	分	
合计																								

附单据　张

财务主管　　记账　　出纳　　审核　　制单

记账凭证

年　月　日　　　　字第　号

摘要	总账科目	明细科目	借方金额										√	贷方金额										√
			千	百	十	万	千	百	十	元	角	分		千	百	十	万	千	百	十	元	角	分	
合计																								

附单据　张

财务主管　　记账　　出纳　　审核　　制单

记 账 凭 证

年　月　日　　　　　　　　字第　号

摘　要	总账科目	明细科目	借方金额										✓	贷方金额										✓
			千	百	十	万	千	百	十	元	角	分		千	百	十	万	千	百	十	元	角	分	
合　计																								

附单据　张

财务主管　　记账　　出纳　　审核　　制单

记 账 凭 证

年　月　日　　　　　　　　字第　号

摘　要	总账科目	明细科目	借方金额										✓	贷方金额										✓
			千	百	十	万	千	百	十	元	角	分		千	百	十	万	千	百	十	元	角	分	
合　计																								

附单据　张

财务主管　　记账　　出纳　　审核　　制单

记账凭证

年　月　日　　　　字第　号

摘要	总账科目	明细科目	借方金额										✓	贷方金额										✓
			千	百	十	万	千	百	十	元	角	分		千	百	十	万	千	百	十	元	角	分	
合计																								

附单据　张

财务主管　　记账　　出纳　　审核　　制单

记账凭证

年　月　日　　　　字第　号

摘要	总账科目	明细科目	借方金额										✓	贷方金额										✓
			千	百	十	万	千	百	十	元	角	分		千	百	十	万	千	百	十	元	角	分	
合计																								

附单据　张

财务主管　　记账　　出纳　　审核　　制单

记账凭证

年　月　日　　　　字第　号

摘要	总账科目	明细科目	借方金额										✓	贷方金额										✓
			千	百	十	万	千	百	十	元	角	分		千	百	十	万	千	百	十	元	角	分	
合计																								

附单据　张

财务主管　　记账　　出纳　　审核　　制单

记账凭证

年　月　日　　　　字第　号

摘要	总账科目	明细科目	借方金额										✓	贷方金额										✓
			千	百	十	万	千	百	十	元	角	分		千	百	十	万	千	百	十	元	角	分	
合计																								

附单据　张

财务主管　　记账　　出纳　　审核　　制单

记 账 凭 证

年　　月　　日　　　　　　　　　　字第　　号

摘　要	总账科目	明细科目	借方金额										✓	贷方金额										✓
			千	百	十	万	千	百	十	元	角	分		千	百	十	万	千	百	十	元	角	分	
合　计																								

附单据　　张

财务主管　　　　记账　　　　出纳　　　　审核　　　　制单

记 账 凭 证

年　　月　　日　　　　　　　　　　字第　　号

摘　要	总账科目	明细科目	借方金额										✓	贷方金额										✓
			千	百	十	万	千	百	十	元	角	分		千	百	十	万	千	百	十	元	角	分	
合　计																								

附单据　　张

财务主管　　　　记账　　　　出纳　　　　审核　　　　制单

记账凭证

年　　月　　日　　　　　　　　字第　　号

摘　要	总账科目	明细科目	借方金额										✓	贷方金额										✓
			千	百	十	万	千	百	十	元	角	分		千	百	十	万	千	百	十	元	角	分	
合　计																								

附单据　　张

财务主管　　　　记账　　　　出纳　　　　审核　　　　制单

记账凭证

年　　月　　日　　　　　　　　字第　　号

摘　要	总账科目	明细科目	借方金额										✓	贷方金额										✓
			千	百	十	万	千	百	十	元	角	分		千	百	十	万	千	百	十	元	角	分	
合　计																								

附单据　　张

财务主管　　　　记账　　　　出纳　　　　审核　　　　制单

记 账 凭 证

年 月 日 字第 号

摘 要	总账科目	明细科目	借方金额										✓	贷方金额										✓
			千	百	十	万	千	百	十	元	角	分		千	百	十	万	千	百	十	元	角	分	
合 计																								

附单据 张

财务主管 记账 出纳 审核 制单

记 账 凭 证

年 月 日 字第 号

摘 要	总账科目	明细科目	借方金额										✓	贷方金额										✓
			千	百	十	万	千	百	十	元	角	分		千	百	十	万	千	百	十	元	角	分	
合 计																								

附单据 张

财务主管 记账 出纳 审核 制单

记 账 凭 证

年　　月　　日　　　　　　　　字第　　号

摘　要	总账科目	明细科目	借方金额										✓	贷方金额										✓
			千	百	十	万	千	百	十	元	角	分		千	百	十	万	千	百	十	元	角	分	
合　计																								

附单据　　张

财务主管　　　记账　　　出纳　　　审核　　　制单

记 账 凭 证

年　　月　　日　　　　　　　　字第　　号

摘　要	总账科目	明细科目	借方金额										✓	贷方金额										✓
			千	百	十	万	千	百	十	元	角	分		千	百	十	万	千	百	十	元	角	分	
合　计																								

附单据　　张

财务主管　　　记账　　　出纳　　　审核　　　制单

记账凭证

年　月　日　　　　字第　号

摘要	总账科目	明细科目	借方金额										✓	贷方金额										✓
			千	百	十	万	千	百	十	元	角	分		千	百	十	万	千	百	十	元	角	分	
合计																								

附单据　张

财务主管　　记账　　出纳　　审核　　制单

记账凭证

年　月　日　　　　字第　号

摘要	总账科目	明细科目	借方金额										✓	贷方金额										✓
			千	百	十	万	千	百	十	元	角	分		千	百	十	万	千	百	十	元	角	分	
合计																								

附单据　张

财务主管　　记账　　出纳　　审核　　制单

记 账 凭 证

年　　月　　日　　　　　　　　　　　　字第　　号

摘　要	总账科目	明细科目	借方金额										✓	贷方金额										✓
			千	百	十	万	千	百	十	元	角	分		千	百	十	万	千	百	十	元	角	分	
合　计																								

附单据　　张

财务主管　　　　记账　　　　出纳　　　　审核　　　　制单

记 账 凭 证

年　　月　　日　　　　　　　　　　　　字第　　号

摘　要	总账科目	明细科目	借方金额										✓	贷方金额										✓
			千	百	十	万	千	百	十	元	角	分		千	百	十	万	千	百	十	元	角	分	
合　计																								

附单据　　张

财务主管　　　　记账　　　　出纳　　　　审核　　　　制单

记 账 凭 证

年　　月　　日　　　　　　　　　　字第　　号

摘　要	总账科目	明细科目	借方金额										✓	贷方金额										✓
			千	百	十	万	千	百	十	元	角	分		千	百	十	万	千	百	十	元	角	分	
合　计																								

附单据　　张

财务主管　　　　记账　　　　出纳　　　　审核　　　　制单

记 账 凭 证

年　　月　　日　　　　　　　　　　字第　　号

摘　要	总账科目	明细科目	借方金额										✓	贷方金额										✓
			千	百	十	万	千	百	十	元	角	分		千	百	十	万	千	百	十	元	角	分	
合　计																								

附单据　　张

财务主管　　　　记账　　　　出纳　　　　审核　　　　制单

记 账 凭 证

年　　月　　日　　　　　　　　字第　　号

摘　要	总账科目	明细科目	借方金额										✓	贷方金额										✓
			千	百	十	万	千	百	十	元	角	分		千	百	十	万	千	百	十	元	角	分	
合　计																								

附单据　张

财务主管　　记账　　出纳　　审核　　制单

记 账 凭 证

年　　月　　日　　　　　　　　字第　　号

摘　要	总账科目	明细科目	借方金额										✓	贷方金额										✓
			千	百	十	万	千	百	十	元	角	分		千	百	十	万	千	百	十	元	角	分	
合　计																								

附单据　张

财务主管　　记账　　出纳　　审核　　制单

记 账 凭 证

年　　月　　日　　　　　　　　字第　　号

摘　要	总账科目	明细科目	借方金额										✓	贷方金额										✓
			千	百	十	万	千	百	十	元	角	分		千	百	十	万	千	百	十	元	角	分	
合　计																								

附单据　　张

财务主管　　记账　　出纳　　审核　　制单

记 账 凭 证

年　　月　　日　　　　　　　　字第　　号

摘　要	总账科目	明细科目	借方金额										✓	贷方金额										✓
			千	百	十	万	千	百	十	元	角	分		千	百	十	万	千	百	十	元	角	分	
合　计																								

附单据　　张

财务主管　　记账　　出纳　　审核　　制单

记账凭证

年　　月　　日　　　　　　　　字第　　号

摘　要	总账科目	明细科目	借方金额										✓	贷方金额										✓
			千	百	十	万	千	百	十	元	角	分		千	百	十	万	千	百	十	元	角	分	
合　计																								

附单据　　张

财务主管　　　记账　　　出纳　　　审核　　　制单

记账凭证

年　　月　　日　　　　　　　　字第　　号

摘　要	总账科目	明细科目	借方金额										✓	贷方金额										✓
			千	百	十	万	千	百	十	元	角	分		千	百	十	万	千	百	十	元	角	分	
合　计																								

附单据　　张

财务主管　　　记账　　　出纳　　　审核　　　制单

记 账 凭 证

年　　月　　日　　　　　　　　　　　　　　　　字第　　号

摘　要	总账科目	明细科目	借方金额										√	贷方金额										√
			千	百	十	万	千	百	十	元	角	分		千	百	十	万	千	百	十	元	角	分	
合　计																								

附单据　　张

财务主管　　　　记账　　　　出纳　　　　审核　　　　制单

记 账 凭 证

年　　月　　日　　　　　　　　　　　　　　　　字第　　号

摘　要	总账科目	明细科目	借方金额										√	贷方金额										√
			千	百	十	万	千	百	十	元	角	分		千	百	十	万	千	百	十	元	角	分	
合　计																								

附单据　　张

财务主管　　　　记账　　　　出纳　　　　审核　　　　制单

记 账 凭 证

年　　月　　日　　　　　　　　　　字第　　号

摘　　要	总账科目	明细科目	借方金额										✓	贷方金额										✓
			千	百	十	万	千	百	十	元	角	分		千	百	十	万	千	百	十	元	角	分	
合　　计																								

附单据　　张

财务主管　　　　记账　　　　出纳　　　　审核　　　　制单

记 账 凭 证

年　　月　　日　　　　　　　　　　字第　　号

摘　　要	总账科目	明细科目	借方金额										✓	贷方金额										✓
			千	百	十	万	千	百	十	元	角	分		千	百	十	万	千	百	十	元	角	分	
合　　计																								

附单据　　张

财务主管　　　　记账　　　　出纳　　　　审核　　　　制单

记账凭证

年　月　日　　　　字第　号

摘要	总账科目	明细科目	借方金额										√	贷方金额										√
			千	百	十	万	千	百	十	元	角	分		千	百	十	万	千	百	十	元	角	分	
合计																								

附单据　张

财务主管　　记账　　出纳　　审核　　制单

记账凭证

年　月　日　　　　字第　号

摘要	总账科目	明细科目	借方金额										√	贷方金额										√
			千	百	十	万	千	百	十	元	角	分		千	百	十	万	千	百	十	元	角	分	
合计																								

附单据　张

财务主管　　记账　　出纳　　审核　　制单

记账凭证

年 月 日 字第 号

摘要	总账科目	明细科目	借方金额										✓	贷方金额										✓
			千	百	十	万	千	百	十	元	角	分		千	百	十	万	千	百	十	元	角	分	
合计																								

附单据 张

财务主管 记账 出纳 审核 制单

记账凭证

年 月 日 字第 号

摘要	总账科目	明细科目	借方金额										✓	贷方金额										✓
			千	百	十	万	千	百	十	元	角	分		千	百	十	万	千	百	十	元	角	分	
合计																								

附单据 张

财务主管 记账 出纳 审核 制单

记账凭证

年　　月　　日　　　　　　　　字第　　号

摘要	总账科目	明细科目	借方金额										✓	贷方金额										✓
			千	百	十	万	千	百	十	元	角	分		千	百	十	万	千	百	十	元	角	分	
合计																								

附单据　张

财务主管　　记账　　出纳　　审核　　制单

记账凭证

年　　月　　日　　　　　　　　字第　　号

摘要	总账科目	明细科目	借方金额										✓	贷方金额										✓
			千	百	十	万	千	百	十	元	角	分		千	百	十	万	千	百	十	元	角	分	
合计																								

附单据　张

财务主管　　记账　　出纳　　审核　　制单

记 账 凭 证

年 月 日　　　　　　　　字第 号

摘要	总账科目	明细科目	借方金额										✓	贷方金额										✓
			千	百	十	万	千	百	十	元	角	分		千	百	十	万	千	百	十	元	角	分	
合计																								

附单据 张

财务主管　　记账　　出纳　　审核　　制单

记 账 凭 证

年 月 日　　　　　　　　字第 号

摘要	总账科目	明细科目	借方金额										✓	贷方金额										✓
			千	百	十	万	千	百	十	元	角	分		千	百	十	万	千	百	十	元	角	分	
合计																								

附单据 张

财务主管　　记账　　出纳　　审核　　制单

记 账 凭 证

年　　月　　日　　　　　　　　　　字第　　号

摘　要	总账科目	明细科目	借方金额										√	贷方金额										√
			千	百	十	万	千	百	十	元	角	分		千	百	十	万	千	百	十	元	角	分	
合　计																								

附单据　　张

财务主管　　记账　　出纳　　审核　　制单

记 账 凭 证

年　　月　　日　　　　　　　　　　字第　　号

摘　要	总账科目	明细科目	借方金额										√	贷方金额										√
			千	百	十	万	千	百	十	元	角	分		千	百	十	万	千	百	十	元	角	分	
合　计																								

附单据　　张

财务主管　　记账　　出纳　　审核　　制单

记 账 凭 证

年 月 日　　　　字第 号

摘 要	总账科目	明细科目	借方金额										✓	贷方金额										✓
			千	百	十	万	千	百	十	元	角	分		千	百	十	万	千	百	十	元	角	分	
合 计																								

附单据 张

财务主管　　记账　　出纳　　审核　　制单

记 账 凭 证

年 月 日　　　　字第 号

摘 要	总账科目	明细科目	借方金额										✓	贷方金额										✓
			千	百	十	万	千	百	十	元	角	分		千	百	十	万	千	百	十	元	角	分	
合 计																								

附单据 张

财务主管　　记账　　出纳　　审核　　制单

记 账 凭 证

年　　月　　日　　　　　　　　字第　　号

摘　要	总账科目	明细科目	借方金额										✓	贷方金额										✓
			千	百	十	万	千	百	十	元	角	分		千	百	十	万	千	百	十	元	角	分	
合　计																								

附单据　　张

财务主管　　记账　　出纳　　审核　　制单

记 账 凭 证

年　　月　　日　　　　　　　　字第　　号

摘　要	总账科目	明细科目	借方金额										✓	贷方金额										✓
			千	百	十	万	千	百	十	元	角	分		千	百	十	万	千	百	十	元	角	分	
合　计																								

附单据　　张

财务主管　　记账　　出纳　　审核　　制单

记账凭证

年 月 日 字第 号

摘要	总账科目	明细科目	借方金额										✓	贷方金额										✓
			千	百	十	万	千	百	十	元	角	分		千	百	十	万	千	百	十	元	角	分	
合计																								

附单据 张

财务主管 记账 出纳 审核 制单

记账凭证

年 月 日 字第 号

摘要	总账科目	明细科目	借方金额										✓	贷方金额										✓
			千	百	十	万	千	百	十	元	角	分		千	百	十	万	千	百	十	元	角	分	
合计																								

附单据 张

财务主管 记账 出纳 审核 制单

记 账 凭 证

年　　月　　日　　　　　　　　　　　　字第　　号

摘　　要	总账科目	明细科目	借方金额										√	贷方金额										√
			千	百	十	万	千	百	十	元	角	分		千	百	十	万	千	百	十	元	角	分	
合　　计																								

附单据　　张

财务主管　　　　记账　　　　出纳　　　　审核　　　　制单

记 账 凭 证

年　　月　　日　　　　　　　　　　　　字第　　号

摘　　要	总账科目	明细科目	借方金额										√	贷方金额										√
			千	百	十	万	千	百	十	元	角	分		千	百	十	万	千	百	十	元	角	分	
合　　计																								

附单据　　张

财务主管　　　　记账　　　　出纳　　　　审核　　　　制单

记账凭证

年　月　日　　　　　字第　号

摘要	总账科目	明细科目	借方金额										✓	贷方金额										✓
			千	百	十	万	千	百	十	元	角	分		千	百	十	万	千	百	十	元	角	分	
合计																								

附单据　张

财务主管　　记账　　出纳　　审核　　制单

记账凭证

年　月　日　　　　　字第　号

摘要	总账科目	明细科目	借方金额										✓	贷方金额										✓
			千	百	十	万	千	百	十	元	角	分		千	百	十	万	千	百	十	元	角	分	
合计																								

附单据　张

财务主管　　记账　　出纳　　审核　　制单

记账凭证

年　　月　　日　　　　　　　　字第　　号

摘　　要	总账科目	明细科目	借方金额										✓	贷方金额										✓
			千	百	十	万	千	百	十	元	角	分		千	百	十	万	千	百	十	元	角	分	
合　　计																								

附单据　　张

财务主管　　　　记账　　　　出纳　　　　审核　　　　制单

记账凭证

年　　月　　日　　　　　　　　字第　　号

摘　　要	总账科目	明细科目	借方金额										✓	贷方金额										✓
			千	百	十	万	千	百	十	元	角	分		千	百	十	万	千	百	十	元	角	分	
合　　计																								

附单据　　张

财务主管　　　　记账　　　　出纳　　　　审核　　　　制单

记 账 凭 证

年　　月　　日　　　　　　　　　　　　字第　　号

摘　要	总账科目	明细科目	借方金额										✓	贷方金额										✓
			千	百	十	万	千	百	十	元	角	分		千	百	十	万	千	百	十	元	角	分	
合　计																								

附单据　　张

财务主管　　　　记账　　　　出纳　　　　审核　　　　制单

记 账 凭 证

年　　月　　日　　　　　　　　　　　　字第　　号

摘　要	总账科目	明细科目	借方金额										✓	贷方金额										✓
			千	百	十	万	千	百	十	元	角	分		千	百	十	万	千	百	十	元	角	分	
合　计																								

附单据　　张

财务主管　　　　记账　　　　出纳　　　　审核　　　　制单

记账凭证

年　　月　　日　　　　　　　　　　字第　　号

摘　要	总账科目	明细科目	借方金额										✓	贷方金额										✓
			千	百	十	万	千	百	十	元	角	分		千	百	十	万	千	百	十	元	角	分	
合　计																								

附单据　　张

财务主管　　　　记账　　　　出纳　　　　审核　　　　制单

记账凭证

年　　月　　日　　　　　　　　　　字第　　号

摘　要	总账科目	明细科目	借方金额										✓	贷方金额										✓
			千	百	十	万	千	百	十	元	角	分		千	百	十	万	千	百	十	元	角	分	
合　计																								

附单据　　张

财务主管　　　　记账　　　　出纳　　　　审核　　　　制单

记 账 凭 证

年　　月　　日　　　　　　　　字第　　号

摘　要	总账科目	明细科目	借方金额										✓	贷方金额										✓
			千	百	十	万	千	百	十	元	角	分		千	百	十	万	千	百	十	元	角	分	
合　计																								

附单据　　张

财务主管　　　　记账　　　　出纳　　　　审核　　　　制单

记 账 凭 证

年　　月　　日　　　　　　　　字第　　号

摘　要	总账科目	明细科目	借方金额										✓	贷方金额										✓
			千	百	十	万	千	百	十	元	角	分		千	百	十	万	千	百	十	元	角	分	
合　计																								

附单据　　张

财务主管　　　　记账　　　　出纳　　　　审核　　　　制单

记 账 凭 证

年　　月　　日　　　　　　　　　　字第　　号

摘　要	总账科目	明细科目	借方金额										✓	贷方金额										✓
			千	百	十	万	千	百	十	元	角	分		千	百	十	万	千	百	十	元	角	分	
合　计																								

附单据　张

财务主管　　记账　　出纳　　审核　　制单

记 账 凭 证

年　　月　　日　　　　　　　　　　字第　　号

摘　要	总账科目	明细科目	借方金额										✓	贷方金额										✓
			千	百	十	万	千	百	十	元	角	分		千	百	十	万	千	百	十	元	角	分	
合　计																								

附单据　张

财务主管　　记账　　出纳　　审核　　制单

记账凭证

年　　月　　日　　　　　　　　　　　　字第　　号

摘要	总账科目	明细科目	借方金额										✓	贷方金额										✓
			千	百	十	万	千	百	十	元	角	分		千	百	十	万	千	百	十	元	角	分	
合计																								

附单据　　张

财务主管　　　　记账　　　　出纳　　　　审核　　　　制单

记账凭证

年　　月　　日　　　　　　　　　　　　字第　　号

摘要	总账科目	明细科目	借方金额										✓	贷方金额										✓
			千	百	十	万	千	百	十	元	角	分		千	百	十	万	千	百	十	元	角	分	
合计																								

附单据　　张

财务主管　　　　记账　　　　出纳　　　　审核　　　　制单

记 账 凭 证

年 月 日　　　　字第 号

摘 要	总账科目	明细科目	借方金额										✓	贷方金额										✓
			千	百	十	万	千	百	十	元	角	分		千	百	十	万	千	百	十	元	角	分	
合 计																								

附单据 张

财务主管　　记账　　出纳　　审核　　制单

记 账 凭 证

年 月 日　　　　字第 号

摘 要	总账科目	明细科目	借方金额										✓	贷方金额										✓
			千	百	十	万	千	百	十	元	角	分		千	百	十	万	千	百	十	元	角	分	
合 计																								

附单据 张

财务主管　　记账　　出纳　　审核　　制单

记 账 凭 证

年　　月　　日　　　　　　　　　　字第　　号

摘　要	总账科目	明细科目	借方金额										✓	贷方金额										✓
			千	百	十	万	千	百	十	元	角	分		千	百	十	万	千	百	十	元	角	分	
合　计																								

附单据　　张

财务主管　　记账　　出纳　　审核　　制单

记 账 凭 证

年　　月　　日　　　　　　　　　　字第　　号

摘　要	总账科目	明细科目	借方金额										✓	贷方金额										✓
			千	百	十	万	千	百	十	元	角	分		千	百	十	万	千	百	十	元	角	分	
合　计																								

附单据　　张

财务主管　　记账　　出纳　　审核　　制单

记账凭证

年　　月　　日　　　　　　　　　　字第　　号

摘　要	总账科目	明细科目	借方金额										✓	贷方金额										✓
			千	百	十	万	千	百	十	元	角	分		千	百	十	万	千	百	十	元	角	分	
合　计																								

附单据　　张

财务主管　　　　记账　　　　出纳　　　　审核　　　　制单

记账凭证

年　　月　　日　　　　　　　　　　字第　　号

摘　要	总账科目	明细科目	借方金额										✓	贷方金额										✓
			千	百	十	万	千	百	十	元	角	分		千	百	十	万	千	百	十	元	角	分	
合　计																								

附单据　　张

财务主管　　　　记账　　　　出纳　　　　审核　　　　制单

记 账 凭 证

年　　月　　日　　　　　　　　　　字第　　号

摘　要	总账科目	明细科目	借方金额										✓	贷方金额										✓
			千	百	十	万	千	百	十	元	角	分		千	百	十	万	千	百	十	元	角	分	
合　计																								

附单据　　张

财务主管　　　记账　　　出纳　　　审核　　　制单

记 账 凭 证

年　　月　　日　　　　　　　　　　字第　　号

摘　要	总账科目	明细科目	借方金额										✓	贷方金额										✓
			千	百	十	万	千	百	十	元	角	分		千	百	十	万	千	百	十	元	角	分	
合　计																								

附单据　　张

财务主管　　　记账　　　出纳　　　审核　　　制单

记 账 凭 证

年　　月　　日　　　　　　　　　　字第　　号

摘　要	总账科目	明细科目	借方金额										✓	贷方金额										✓
			千	百	十	万	千	百	十	元	角	分		千	百	十	万	千	百	十	元	角	分	
合　计																								

附单据　　张

财务主管　　　　记账　　　　出纳　　　　审核　　　　制单

记 账 凭 证

年　　月　　日　　　　　　　　　　字第　　号

摘　要	总账科目	明细科目	借方金额										✓	贷方金额										✓
			千	百	十	万	千	百	十	元	角	分		千	百	十	万	千	百	十	元	角	分	
合　计																								

附单据　　张

财务主管　　　　记账　　　　出纳　　　　审核　　　　制单

记 账 凭 证

年　　月　　日　　　　　　　　字第　　号

摘　要	总账科目	明细科目	借方金额										✓	贷方金额										✓
			千	百	十	万	千	百	十	元	角	分		千	百	十	万	千	百	十	元	角	分	
合　计																								

附单据　　张

财务主管　　记账　　出纳　　审核　　制单

记 账 凭 证

年　　月　　日　　　　　　　　字第　　号

摘　要	总账科目	明细科目	借方金额										✓	贷方金额										✓
			千	百	十	万	千	百	十	元	角	分		千	百	十	万	千	百	十	元	角	分	
合　计																								

附单据　　张

财务主管　　记账　　出纳　　审核　　制单

记 账 凭 证

年 月 日 字第 号

摘 要	总账科目	明细科目	借方金额										✓	贷方金额										✓
			千	百	十	万	千	百	十	元	角	分		千	百	十	万	千	百	十	元	角	分	
合 计																								

附单据 张

财务主管 记账 出纳 审核 制单

记 账 凭 证

年 月 日 字第 号

摘 要	总账科目	明细科目	借方金额										✓	贷方金额										✓
			千	百	十	万	千	百	十	元	角	分		千	百	十	万	千	百	十	元	角	分	
合 计																								

附单据 张

财务主管 记账 出纳 审核 制单

记 账 凭 证

年　　月　　日　　　　　　　　　　　　字第　　号

摘　要	总账科目	明细科目	借方金额										√	贷方金额										√
			千	百	十	万	千	百	十	元	角	分		千	百	十	万	千	百	十	元	角	分	
合　计																								

附单据　　张

财务主管　　　　记账　　　　出纳　　　　审核　　　　制单

记 账 凭 证

年　　月　　日　　　　　　　　　　　　字第　　号

摘　要	总账科目	明细科目	借方金额										√	贷方金额										√
			千	百	十	万	千	百	十	元	角	分		千	百	十	万	千	百	十	元	角	分	
合　计																								

附单据　　张

财务主管　　　　记账　　　　出纳　　　　审核　　　　制单

记 账 凭 证

年　　月　　日　　　　　　　　　　字第　　号

摘要	总账科目	明细科目	借方金额										✓	贷方金额										✓
			千	百	十	万	千	百	十	元	角	分		千	百	十	万	千	百	十	元	角	分	
合计																								

附单据　　张

财务主管　　　　记账　　　　出纳　　　　审核　　　　制单

记 账 凭 证

年　　月　　日　　　　　　　　　　字第　　号

摘要	总账科目	明细科目	借方金额										✓	贷方金额										✓
			千	百	十	万	千	百	十	元	角	分		千	百	十	万	千	百	十	元	角	分	
合计																								

附单据　　张

财务主管　　　　记账　　　　出纳　　　　审核　　　　制单

记账凭证

年　　月　　日　　　　字第　　号

摘要	总账科目	明细科目	借方金额										✓	贷方金额										✓
			千	百	十	万	千	百	十	元	角	分		千	百	十	万	千	百	十	元	角	分	
合计																								

附单据　　张

财务主管　　记账　　出纳　　审核　　制单

记账凭证

年　　月　　日　　　　字第　　号

摘要	总账科目	明细科目	借方金额										✓	贷方金额										✓
			千	百	十	万	千	百	十	元	角	分		千	百	十	万	千	百	十	元	角	分	
合计																								

附单据　　张

财务主管　　记账　　出纳　　审核　　制单

记账凭证

年　　月　　日　　　　　　　　　　　　字第　　号

摘要	总账科目	明细科目	借方金额										✓	贷方金额										✓
			千	百	十	万	千	百	十	元	角	分		千	百	十	万	千	百	十	元	角	分	
合计																								

附单据　　张

财务主管　　记账　　出纳　　审核　　制单

记账凭证

年　　月　　日　　　　　　　　　　　　字第　　号

摘要	总账科目	明细科目	借方金额										✓	贷方金额										✓
			千	百	十	万	千	百	十	元	角	分		千	百	十	万	千	百	十	元	角	分	
合计																								

附单据　　张

财务主管　　记账　　出纳　　审核　　制单

记账凭证

年　月　日　　　　字第　号

摘要	总账科目	明细科目	借方金额										✓	贷方金额										✓
			千	百	十	万	千	百	十	元	角	分		千	百	十	万	千	百	十	元	角	分	
合计																								

附单据　张

财务主管　　记账　　出纳　　审核　　制单

记账凭证

年　月　日　　　　字第　号

摘要	总账科目	明细科目	借方金额										✓	贷方金额										✓
			千	百	十	万	千	百	十	元	角	分		千	百	十	万	千	百	十	元	角	分	
合计																								

附单据　张

财务主管　　记账　　出纳　　审核　　制单

记账凭证

年　月　日　　　　字第　号

摘要	总账科目	明细科目	借方金额										✓	贷方金额										✓
			千	百	十	万	千	百	十	元	角	分		千	百	十	万	千	百	十	元	角	分	
合计																								

附单据　张

财务主管　　记账　　出纳　　审核　　制单

记账凭证

年　月　日　　　　字第　号

摘要	总账科目	明细科目	借方金额										✓	贷方金额										✓
			千	百	十	万	千	百	十	元	角	分		千	百	十	万	千	百	十	元	角	分	
合计																								

附单据　张

财务主管　　记账　　出纳　　审核　　制单

记 账 凭 证

年　　月　　日　　　　　　　　　　字第　　号

摘　要	总账科目	明细科目	借方金额										✓	贷方金额										✓
			千	百	十	万	千	百	十	元	角	分		千	百	十	万	千	百	十	元	角	分	
合　计																								

附单据　　张

财务主管　　　　记账　　　　出纳　　　　审核　　　　制单

记 账 凭 证

年　　月　　日　　　　　　　　　　字第　　号

摘　要	总账科目	明细科目	借方金额										✓	贷方金额										✓
			千	百	十	万	千	百	十	元	角	分		千	百	十	万	千	百	十	元	角	分	
合　计																								

附单据　　张

财务主管　　　　记账　　　　出纳　　　　审核　　　　制单

记 账 凭 证

年　　月　　日　　　　　　　　　　　　字第　　号

摘　要	总账科目	明细科目	借方金额										✓	贷方金额										✓
			千	百	十	万	千	百	十	元	角	分		千	百	十	万	千	百	十	元	角	分	
合　计																								

附单据　　张

财务主管　　　　记账　　　　出纳　　　　审核　　　　制单

记 账 凭 证

年　　月　　日　　　　　　　　　　　　字第　　号

摘　要	总账科目	明细科目	借方金额										✓	贷方金额										✓
			千	百	十	万	千	百	十	元	角	分		千	百	十	万	千	百	十	元	角	分	
合　计																								

附单据　　张

财务主管　　　　记账　　　　出纳　　　　审核　　　　制单

记账凭证

年　　月　　日　　　　　　　　字第　　号

摘要	总账科目	明细科目	借方金额										✓	贷方金额										✓
			千	百	十	万	千	百	十	元	角	分		千	百	十	万	千	百	十	元	角	分	
合计																								

附单据　　张

财务主管　　　记账　　　出纳　　　审核　　　制单

记账凭证

年　　月　　日　　　　　　　　字第　　号

摘要	总账科目	明细科目	借方金额										✓	贷方金额										✓
			千	百	十	万	千	百	十	元	角	分		千	百	十	万	千	百	十	元	角	分	
合计																								

附单据　　张

财务主管　　　记账　　　出纳　　　审核　　　制单

记 账 凭 证

年 月 日 字第 号

摘要	总账科目	明细科目	借方金额										✓	贷方金额										✓
			千	百	十	万	千	百	十	元	角	分		千	百	十	万	千	百	十	元	角	分	
合计																								

附单据 张

财务主管 记账 出纳 审核 制单

记 账 凭 证

年 月 日 字第 号

摘要	总账科目	明细科目	借方金额										✓	贷方金额										✓
			千	百	十	万	千	百	十	元	角	分		千	百	十	万	千	百	十	元	角	分	
合计																								

附单据 张

财务主管 记账 出纳 审核 制单

记 账 凭 证

年　　月　　日　　　　　　　　　　字第　　号

摘　要	总账科目	明细科目	借方金额										✓	贷方金额										✓
			千	百	十	万	千	百	十	元	角	分		千	百	十	万	千	百	十	元	角	分	
合　计																								

附单据　　张

财务主管　　　记账　　　出纳　　　审核　　　制单

记 账 凭 证

年　　月　　日　　　　　　　　　　字第　　号

摘　要	总账科目	明细科目	借方金额										✓	贷方金额										✓
			千	百	十	万	千	百	十	元	角	分		千	百	十	万	千	百	十	元	角	分	
合　计																								

附单据　　张

财务主管　　　记账　　　出纳　　　审核　　　制单

记 账 凭 证

年　月　日　　　　字第　号

摘　要	总账科目	明细科目	借方金额										✓	贷方金额										✓
			千	百	十	万	千	百	十	元	角	分		千	百	十	万	千	百	十	元	角	分	
合　计																								

附单据　张

财务主管　　记账　　出纳　　审核　　制单

记 账 凭 证

年　月　日　　　　字第　号

摘　要	总账科目	明细科目	借方金额										✓	贷方金额										✓
			千	百	十	万	千	百	十	元	角	分		千	百	十	万	千	百	十	元	角	分	
合　计																								

附单据　张

财务主管　　记账　　出纳　　审核　　制单

记账凭证

年　　月　　日　　　　　　　　　　　　　　　　字第　　号

摘要	总账科目	明细科目	借方金额										√	贷方金额										√
			千	百	十	万	千	百	十	元	角	分		千	百	十	万	千	百	十	元	角	分	
合计																								

附单据　　张

财务主管　　　　记账　　　　出纳　　　　审核　　　　制单

记账凭证

年　　月　　日　　　　　　　　　　　　　　　　字第　　号

摘要	总账科目	明细科目	借方金额										√	贷方金额										√
			千	百	十	万	千	百	十	元	角	分		千	百	十	万	千	百	十	元	角	分	
合计																								

附单据　　张

财务主管　　　　记账　　　　出纳　　　　审核　　　　制单

记账凭证

年　　月　　日　　　　　　　　　　　　　字第　　号

摘要	总账科目	明细科目	借方金额										✓	贷方金额										✓
			千	百	十	万	千	百	十	元	角	分		千	百	十	万	千	百	十	元	角	分	
合计																								

附单据　　张

财务主管　　　　记账　　　　出纳　　　　审核　　　　制单

记账凭证

年　　月　　日　　　　　　　　　　　　　字第　　号

摘要	总账科目	明细科目	借方金额										✓	贷方金额										✓
			千	百	十	万	千	百	十	元	角	分		千	百	十	万	千	百	十	元	角	分	
合计																								

附单据　　张

财务主管　　　　记账　　　　出纳　　　　审核　　　　制单

记账凭证

年　月　日　　　　　　　　字第　号

摘要	总账科目	明细科目	借方金额										✓	贷方金额										✓
			千	百	十	万	千	百	十	元	角	分		千	百	十	万	千	百	十	元	角	分	
合计																								

附单据　张

财务主管　　记账　　出纳　　审核　　制单

记账凭证

年　月　日　　　　　　　　字第　号

摘要	总账科目	明细科目	借方金额										✓	贷方金额										✓
			千	百	十	万	千	百	十	元	角	分		千	百	十	万	千	百	十	元	角	分	
合计																								

附单据　张

财务主管　　记账　　出纳　　审核　　制单

记 账 凭 证

年　　月　　日　　　　　　　　　　　　字第　　号

摘　要	总账科目	明细科目	借方金额										✓	贷方金额										✓
			千	百	十	万	千	百	十	元	角	分		千	百	十	万	千	百	十	元	角	分	
合　计																								

附单据　　张

财务主管　　　　记账　　　　出纳　　　　审核　　　　制单

记 账 凭 证

年　　月　　日　　　　　　　　　　　　字第　　号

摘　要	总账科目	明细科目	借方金额										✓	贷方金额										✓
			千	百	十	万	千	百	十	元	角	分		千	百	十	万	千	百	十	元	角	分	
合　计																								

附单据　　张

财务主管　　　　记账　　　　出纳　　　　审核　　　　制单

记账凭证

年　　月　　日　　　　　　　　　　　　字第　　号

摘　要	总账科目	明细科目	借方金额										✓	贷方金额										✓
			千	百	十	万	千	百	十	元	角	分		千	百	十	万	千	百	十	元	角	分	
合　计																								

附单据　　张

财务主管　　　　记账　　　　出纳　　　　审核　　　　制单

记账凭证

年　　月　　日　　　　　　　　　　　　字第　　号

摘　要	总账科目	明细科目	借方金额										✓	贷方金额										✓
			千	百	十	万	千	百	十	元	角	分		千	百	十	万	千	百	十	元	角	分	
合　计																								

附单据　　张

财务主管　　　　记账　　　　出纳　　　　审核　　　　制单

记账凭证

年　　月　　日　　　　　　　　　　字第　　号

摘要	总账科目	明细科目	借方金额										✓	贷方金额										✓
			千	百	十	万	千	百	十	元	角	分		千	百	十	万	千	百	十	元	角	分	
合计																								

附单据　　张

财务主管　　记账　　出纳　　审核　　制单

记账凭证

年　　月　　日　　　　　　　　　　字第　　号

摘要	总账科目	明细科目	借方金额										✓	贷方金额										✓
			千	百	十	万	千	百	十	元	角	分		千	百	十	万	千	百	十	元	角	分	
合计																								

附单据　　张

财务主管　　记账　　出纳　　审核　　制单

记账凭证

年　月　日　　　　字第　号

摘要	总账科目	明细科目	借方金额										✓	贷方金额										✓
			千	百	十	万	千	百	十	元	角	分		千	百	十	万	千	百	十	元	角	分	
合计																								

附单据　张

财务主管　　记账　　出纳　　审核　　制单

记账凭证

年　月　日　　　　字第　号

摘要	总账科目	明细科目	借方金额										✓	贷方金额										✓
			千	百	十	万	千	百	十	元	角	分		千	百	十	万	千	百	十	元	角	分	
合计																								

附单据　张

财务主管　　记账　　出纳　　审核　　制单

记账凭证

年　　月　　日　　　　　　　　　　字第　　号

摘要	总账科目	明细科目	借方金额										✓	贷方金额										✓
			千	百	十	万	千	百	十	元	角	分		千	百	十	万	千	百	十	元	角	分	
合计																								

附单据　　张

财务主管　　　　记账　　　　出纳　　　　审核　　　　制单

记账凭证

年　　月　　日　　　　　　　　　　字第　　号

摘要	总账科目	明细科目	借方金额										✓	贷方金额										✓
			千	百	十	万	千	百	十	元	角	分		千	百	十	万	千	百	十	元	角	分	
合计																								

附单据　　张

财务主管　　　　记账　　　　出纳　　　　审核　　　　制单

记 账 凭 证

年　　月　　日　　　　　　　　　　　　字第　　号

摘　　要	总账科目	明细科目	借方金额										✓	贷方金额										✓
			千	百	十	万	千	百	十	元	角	分		千	百	十	万	千	百	十	元	角	分	
合　　计																								

附单据　　张

财务主管　　　　记账　　　　出纳　　　　审核　　　　制单

记 账 凭 证

年　　月　　日　　　　　　　　　　　　字第　　号

摘　　要	总账科目	明细科目	借方金额										✓	贷方金额										✓
			千	百	十	万	千	百	十	元	角	分		千	百	十	万	千	百	十	元	角	分	
合　　计																								

附单据　　张

财务主管　　　　记账　　　　出纳　　　　审核　　　　制单

记账凭证

年　　月　　日　　　　　　　　　　字第　　号

摘　要	总账科目	明细科目	借方金额										✓	贷方金额										✓
			千	百	十	万	千	百	十	元	角	分		千	百	十	万	千	百	十	元	角	分	
合　计																								

附单据　　张

财务主管　　　　记账　　　　出纳　　　　审核　　　　制单

记账凭证

年　　月　　日　　　　　　　　　　字第　　号

摘　要	总账科目	明细科目	借方金额										✓	贷方金额										✓
			千	百	十	万	千	百	十	元	角	分		千	百	十	万	千	百	十	元	角	分	
合　计																								

附单据　　张

财务主管　　　　记账　　　　出纳　　　　审核　　　　制单

记 账 凭 证

年　　月　　日　　　　　　　　字第　　号

摘　　要	总账科目	明细科目	借方金额										✓	贷方金额										✓
			千	百	十	万	千	百	十	元	角	分		千	百	十	万	千	百	十	元	角	分	
合　　计																								

附单据　　张

财务主管　　　　记账　　　　出纳　　　　审核　　　　制单

记 账 凭 证

年　　月　　日　　　　　　　　字第　　号

摘　　要	总账科目	明细科目	借方金额										✓	贷方金额										✓
			千	百	十	万	千	百	十	元	角	分		千	百	十	万	千	百	十	元	角	分	
合　　计																								

附单据　　张

财务主管　　　　记账　　　　出纳　　　　审核　　　　制单

记 账 凭 证

年 月 日　　　　字第 号

摘 要	总账科目	明细科目	借方金额										✓	贷方金额										✓
			千	百	十	万	千	百	十	元	角	分		千	百	十	万	千	百	十	元	角	分	
合 计																								

附单据 张

财务主管　　记账　　出纳　　审核　　制单

记 账 凭 证

年 月 日　　　　字第 号

摘 要	总账科目	明细科目	借方金额										✓	贷方金额										✓
			千	百	十	万	千	百	十	元	角	分		千	百	十	万	千	百	十	元	角	分	
合 计																								

附单据 张

财务主管　　记账　　出纳　　审核　　制单

记 账 凭 证

年　　月　　日　　　　　　　　字第　　号

摘　　要	总账科目	明细科目	借方金额										√	贷方金额										√
			千	百	十	万	千	百	十	元	角	分		千	百	十	万	千	百	十	元	角	分	
合　　计																								

附单据　　张

财务主管　　　　记账　　　　出纳　　　　审核　　　　制单

记 账 凭 证

年　　月　　日　　　　　　　　字第　　号

摘　　要	总账科目	明细科目	借方金额										√	贷方金额										√
			千	百	十	万	千	百	十	元	角	分		千	百	十	万	千	百	十	元	角	分	
合　　计																								

附单据　　张

财务主管　　　　记账　　　　出纳　　　　审核　　　　制单

记 账 凭 证

年　月　日　　　　字第　号

摘　要	总账科目	明细科目	借方金额										✓	贷方金额										✓
			千	百	十	万	千	百	十	元	角	分		千	百	十	万	千	百	十	元	角	分	
合　计																								

附单据　张

财务主管　　记账　　出纳　　审核　　制单

记 账 凭 证

年　月　日　　　　字第　号

摘　要	总账科目	明细科目	借方金额										✓	贷方金额										✓
			千	百	十	万	千	百	十	元	角	分		千	百	十	万	千	百	十	元	角	分	
合　计																								

附单据　张

财务主管　　记账　　出纳　　审核　　制单

记账凭证

年　　月　　日　　　　　　　　　　字第　　号

摘要	总账科目	明细科目	借方金额										✓	贷方金额										✓
			千	百	十	万	千	百	十	元	角	分		千	百	十	万	千	百	十	元	角	分	
合计																								

附单据　　张

财务主管　　　　记账　　　　出纳　　　　审核　　　　制单

记账凭证

年　　月　　日　　　　　　　　　　字第　　号

摘要	总账科目	明细科目	借方金额										✓	贷方金额										✓
			千	百	十	万	千	百	十	元	角	分		千	百	十	万	千	百	十	元	角	分	
合计																								

附单据　　张

财务主管　　　　记账　　　　出纳　　　　审核　　　　制单

记 账 凭 证

年　　月　　日　　　　　　　　　　　　　　字第　　号

摘　要	总账科目	明细科目	借方金额										✓	贷方金额										✓
			千	百	十	万	千	百	十	元	角	分		千	百	十	万	千	百	十	元	角	分	
合　计																								

附单据　　张

财务主管　　　记账　　　出纳　　　审核　　　制单

记 账 凭 证

年　　月　　日　　　　　　　　　　　　　　字第　　号

摘　要	总账科目	明细科目	借方金额										✓	贷方金额										✓
			千	百	十	万	千	百	十	元	角	分		千	百	十	万	千	百	十	元	角	分	
合　计																								

附单据　　张

财务主管　　　记账　　　出纳　　　审核　　　制单

记账凭证

年 月 日　　　　字第 号

摘要	总账科目	明细科目	借方金额										√	贷方金额										√
			千	百	十	万	千	百	十	元	角	分		千	百	十	万	千	百	十	元	角	分	
合计																								

附单据 张

财务主管　　记账　　出纳　　审核　　制单

记账凭证

年 月 日　　　　字第 号

摘要	总账科目	明细科目	借方金额										√	贷方金额										√
			千	百	十	万	千	百	十	元	角	分		千	百	十	万	千	百	十	元	角	分	
合计																								

附单据 张

财务主管　　记账　　出纳　　审核　　制单

记 账 凭 证

年　　月　　日　　　　　　　　字第　　号

摘　　要	总账科目	明细科目	借方金额										√	贷方金额										√
			千	百	十	万	千	百	十	元	角	分		千	百	十	万	千	百	十	元	角	分	
合　　计																								

附单据　　张

财务主管　　记账　　出纳　　审核　　制单

记 账 凭 证

年　　月　　日　　　　　　　　字第　　号

摘　　要	总账科目	明细科目	借方金额										√	贷方金额										√
			千	百	十	万	千	百	十	元	角	分		千	百	十	万	千	百	十	元	角	分	
合　　计																								

附单据　　张

财务主管　　记账　　出纳　　审核　　制单

记 账 凭 证

年　　月　　日　　　　　　　　　　字第　　号

摘　　要	总账科目	明细科目	借方金额										✓	贷方金额										✓
			千	百	十	万	千	百	十	元	角	分		千	百	十	万	千	百	十	元	角	分	
合　　计																								

附单据　　张

财务主管　　　　记账　　　　出纳　　　　审核　　　　制单

记 账 凭 证

年　　月　　日　　　　　　　　　　字第　　号

摘　　要	总账科目	明细科目	借方金额										✓	贷方金额										✓
			千	百	十	万	千	百	十	元	角	分		千	百	十	万	千	百	十	元	角	分	
合　　计																								

附单据　　张

财务主管　　　　记账　　　　出纳　　　　审核　　　　制单

记 账 凭 证

年　月　日　　　　字第　号

摘　要	总账科目	明细科目	借方金额										✓	贷方金额										✓
			千	百	十	万	千	百	十	元	角	分		千	百	十	万	千	百	十	元	角	分	
合　计																								

附单据　张

财务主管　　记账　　出纳　　审核　　制单

记 账 凭 证

年　月　日　　　　字第　号

摘　要	总账科目	明细科目	借方金额										✓	贷方金额										✓
			千	百	十	万	千	百	十	元	角	分		千	百	十	万	千	百	十	元	角	分	
合　计																								

附单据　张

财务主管　　记账　　出纳　　审核　　制单

记账凭证

年　月　日　　　　字第　号

摘　要	总账科目	明细科目	借方金额										√	贷方金额										√
			千	百	十	万	千	百	十	元	角	分		千	百	十	万	千	百	十	元	角	分	
合　计																								

附单据　张

财务主管　　记账　　出纳　　审核　　制单

记账凭证

年　月　日　　　　字第　号

摘　要	总账科目	明细科目	借方金额										√	贷方金额										√
			千	百	十	万	千	百	十	元	角	分		千	百	十	万	千	百	十	元	角	分	
合　计																								

附单据　张

财务主管　　记账　　出纳　　审核　　制单

记 账 凭 证

年　月　日　　　　字第　号

摘　要	总账科目	明细科目	借方金额										✓	贷方金额										✓
			千	百	十	万	千	百	十	元	角	分		千	百	十	万	千	百	十	元	角	分	
合　计																								

附单据　张

财务主管　　记账　　出纳　　审核　　制单

记 账 凭 证

年　月　日　　　　字第　号

摘　要	总账科目	明细科目	借方金额										✓	贷方金额										✓
			千	百	十	万	千	百	十	元	角	分		千	百	十	万	千	百	十	元	角	分	
合　计																								

附单据　张

财务主管　　记账　　出纳　　审核　　制单

记 账 凭 证

年　　月　　日　　　　　　　　　　字第　　号

摘　　要	总账科目	明细科目	借方金额										✓	贷方金额										✓
			千	百	十	万	千	百	十	元	角	分		千	百	十	万	千	百	十	元	角	分	
合　　计																								

附单据　　张

财务主管　　　　记账　　　　出纳　　　　审核　　　　制单

记 账 凭 证

年　　月　　日　　　　　　　　　　字第　　号

摘　　要	总账科目	明细科目	借方金额										✓	贷方金额										✓
			千	百	十	万	千	百	十	元	角	分		千	百	十	万	千	百	十	元	角	分	
合　　计																								

附单据　　张

财务主管　　　　记账　　　　出纳　　　　审核　　　　制单

记 账 凭 证

年 月 日 字第 号

摘 要	总账科目	明细科目	借方金额										✓	贷方金额										✓
			千	百	十	万	千	百	十	元	角	分		千	百	十	万	千	百	十	元	角	分	
合 计																								

附单据 张

财务主管 记账 出纳 审核 制单

记 账 凭 证

年 月 日 字第 号

摘 要	总账科目	明细科目	借方金额										✓	贷方金额										✓
			千	百	十	万	千	百	十	元	角	分		千	百	十	万	千	百	十	元	角	分	
合 计																								

附单据 张

财务主管 记账 出纳 审核 制单

记账凭证

年　　月　　日　　　　　　　　字第　　号

摘要	总账科目	明细科目	借方金额										✓	贷方金额										✓
			千	百	十	万	千	百	十	元	角	分		千	百	十	万	千	百	十	元	角	分	
合计																								

附单据　　张

财务主管　　记账　　出纳　　审核　　制单

记账凭证

年　　月　　日　　　　　　　　字第　　号

摘要	总账科目	明细科目	借方金额										✓	贷方金额										✓
			千	百	十	万	千	百	十	元	角	分		千	百	十	万	千	百	十	元	角	分	
合计																								

附单据　　张

财务主管　　记账　　出纳　　审核　　制单

记 账 凭 证

年　　月　　日　　　　　　　　　　　　字第　　号

摘　要	总账科目	明细科目	借方金额										✓	贷方金额										✓
			千	百	十	万	千	百	十	元	角	分		千	百	十	万	千	百	十	元	角	分	
合　计																								

附单据　　张

财务主管　　　　记账　　　　出纳　　　　审核　　　　制单

记 账 凭 证

年　　月　　日　　　　　　　　　　　　字第　　号

摘　要	总账科目	明细科目	借方金额										✓	贷方金额										✓
			千	百	十	万	千	百	十	元	角	分		千	百	十	万	千	百	十	元	角	分	
合　计																								

附单据　　张

财务主管　　　　记账　　　　出纳　　　　审核　　　　制单

记 账 凭 证

年　　月　　日　　　　　　　　　　字第　　号

摘　要	总账科目	明细科目	借方金额										✓	贷方金额										✓
			千	百	十	万	千	百	十	元	角	分		千	百	十	万	千	百	十	元	角	分	
合　计																								

附单据　　张

财务主管　　　　记账　　　　出纳　　　　审核　　　　制单

记 账 凭 证

年　　月　　日　　　　　　　　　　字第　　号

摘　要	总账科目	明细科目	借方金额										✓	贷方金额										✓
			千	百	十	万	千	百	十	元	角	分		千	百	十	万	千	百	十	元	角	分	
合　计																								

附单据　　张

财务主管　　　　记账　　　　出纳　　　　审核　　　　制单

记 账 凭 证

年　　月　　日　　　　　　　　　　　字第　　号

摘　　要	总账科目	明细科目	借方金额										✓	贷方金额										✓
			千	百	十	万	千	百	十	元	角	分		千	百	十	万	千	百	十	元	角	分	
合　　计																								

附单据　　张

财务主管　　　　记账　　　　出纳　　　　审核　　　　制单

记 账 凭 证

年　　月　　日　　　　　　　　　　　字第　　号

摘　　要	总账科目	明细科目	借方金额										✓	贷方金额										✓
			千	百	十	万	千	百	十	元	角	分		千	百	十	万	千	百	十	元	角	分	
合　　计																								

附单据　　张

财务主管　　　　记账　　　　出纳　　　　审核　　　　制单

记 账 凭 证

年　　月　　日　　　　　　　　　　字第　　号

摘　要	总账科目	明细科目	借方金额										✓	贷方金额										✓
			千	百	十	万	千	百	十	元	角	分		千	百	十	万	千	百	十	元	角	分	
合　计																								

附单据　　张

财务主管　　　　记账　　　　出纳　　　　审核　　　　制单

记 账 凭 证

年　　月　　日　　　　　　　　　　字第　　号

摘　要	总账科目	明细科目	借方金额										✓	贷方金额										✓
			千	百	十	万	千	百	十	元	角	分		千	百	十	万	千	百	十	元	角	分	
合　计																								

附单据　　张

财务主管　　　　记账　　　　出纳　　　　审核　　　　制单

记 账 凭 证

年　　月　　日　　　　　　　　字第　　号

摘　要	总账科目	明细科目	借方金额										√	贷方金额										√
			千	百	十	万	千	百	十	元	角	分		千	百	十	万	千	百	十	元	角	分	
合　计																								

附单据　　张

财务主管　　记账　　出纳　　审核　　制单

记 账 凭 证

年　　月　　日　　　　　　　　字第　　号

摘　要	总账科目	明细科目	借方金额										√	贷方金额										√
			千	百	十	万	千	百	十	元	角	分		千	百	十	万	千	百	十	元	角	分	
合　计																								

附单据　　张

财务主管　　记账　　出纳　　审核　　制单

记 账 凭 证

年　　月　　日　　　　　　　　　　　　字第　　号

摘　要	总账科目	明细科目	借方金额										✓	贷方金额										✓
			千	百	十	万	千	百	十	元	角	分		千	百	十	万	千	百	十	元	角	分	
合　计																								

附单据　　张

财务主管　　　　记账　　　　出纳　　　　审核　　　　制单

记 账 凭 证

年　　月　　日　　　　　　　　　　　　字第　　号

摘　要	总账科目	明细科目	借方金额										✓	贷方金额										✓
			千	百	十	万	千	百	十	元	角	分		千	百	十	万	千	百	十	元	角	分	
合　计																								

附单据　　张

财务主管　　　　记账　　　　出纳　　　　审核　　　　制单

记账凭证

年　　月　　日　　　　　　　　　　　　字第　　号

摘要	总账科目	明细科目	借方金额										✓	贷方金额										✓
			千	百	十	万	千	百	十	元	角	分		千	百	十	万	千	百	十	元	角	分	
合计																								

附单据　　张

财务主管　　　　记账　　　　出纳　　　　审核　　　　制单

记账凭证

年　　月　　日　　　　　　　　　　　　字第　　号

摘要	总账科目	明细科目	借方金额										✓	贷方金额										✓
			千	百	十	万	千	百	十	元	角	分		千	百	十	万	千	百	十	元	角	分	
合计																								

附单据　　张

财务主管　　　　记账　　　　出纳　　　　审核　　　　制单

记账凭证

年　　月　　日　　　　　　　　　　　　字第　　号

摘　要	总账科目	明细科目	借方金额										✓	贷方金额										✓
			千	百	十	万	千	百	十	元	角	分		千	百	十	万	千	百	十	元	角	分	
合　计																								

附单据　张

财务主管　　记账　　出纳　　审核　　制单

记账凭证

年　　月　　日　　　　　　　　　　　　字第　　号

摘　要	总账科目	明细科目	借方金额										✓	贷方金额										✓
			千	百	十	万	千	百	十	元	角	分		千	百	十	万	千	百	十	元	角	分	
合　计																								

附单据　张

财务主管　　记账　　出纳　　审核　　制单

记 账 凭 证

年　　月　　日　　　　　　　　　　　　字第　　号

摘　　要	总账科目	明细科目	借方金额										✓	贷方金额										✓
			千	百	十	万	千	百	十	元	角	分		千	百	十	万	千	百	十	元	角	分	
合　　计																								

附单据　　张

财务主管　　　　记账　　　　出纳　　　　审核　　　　制单

记 账 凭 证

年　　月　　日　　　　　　　　　　　　字第　　号

摘　　要	总账科目	明细科目	借方金额										✓	贷方金额										✓
			千	百	十	万	千	百	十	元	角	分		千	百	十	万	千	百	十	元	角	分	
合　　计																								

附单据　　张

财务主管　　　　记账　　　　出纳　　　　审核　　　　制单

记账凭证

年　月　日　　　　字第　号

摘　要	总账科目	明细科目	借方金额										√	贷方金额										√
			千	百	十	万	千	百	十	元	角	分		千	百	十	万	千	百	十	元	角	分	
合　计																								

附单据　张

财务主管　　记账　　出纳　　审核　　制单

记账凭证

年　月　日　　　　字第　号

摘　要	总账科目	明细科目	借方金额										√	贷方金额										√
			千	百	十	万	千	百	十	元	角	分		千	百	十	万	千	百	十	元	角	分	
合　计																								

附单据　张

财务主管　　记账　　出纳　　审核　　制单

记 账 凭 证

年　　月　　日　　　　　　　　字第　　号

摘　要	总账科目	明细科目	借方金额										✓	贷方金额										✓
			千	百	十	万	千	百	十	元	角	分		千	百	十	万	千	百	十	元	角	分	
合　计																								

附单据　　张

财务主管　　　　记账　　　　出纳　　　　审核　　　　制单

记 账 凭 证

年　　月　　日　　　　　　　　字第　　号

摘　要	总账科目	明细科目	借方金额										✓	贷方金额										✓
			千	百	十	万	千	百	十	元	角	分		千	百	十	万	千	百	十	元	角	分	
合　计																								

附单据　　张

财务主管　　　　记账　　　　出纳　　　　审核　　　　制单

记 账 凭 证

年　　月　　日　　　　　　　　字第　　号

摘　要	总账科目	明细科目	借方金额										✓	贷方金额										✓
			千	百	十	万	千	百	十	元	角	分		千	百	十	万	千	百	十	元	角	分	
合　计																								

附单据　张

财务主管　　　　记账　　　　出纳　　　　审核　　　　制单

记 账 凭 证

年　　月　　日　　　　　　　　字第　　号

摘　要	总账科目	明细科目	借方金额										✓	贷方金额										✓
			千	百	十	万	千	百	十	元	角	分		千	百	十	万	千	百	十	元	角	分	
合　计																								

附单据　张

财务主管　　　　记账　　　　出纳　　　　审核　　　　制单

记 账 凭 证

年 月 日　　　　字第 号

摘 要	总账科目	明细科目	借方金额										✓	贷方金额										✓
			千	百	十	万	千	百	十	元	角	分		千	百	十	万	千	百	十	元	角	分	
合 计																								

附单据 张

财务主管　　记账　　出纳　　审核　　制单

记 账 凭 证

年 月 日　　　　字第 号

摘 要	总账科目	明细科目	借方金额										✓	贷方金额										✓
			千	百	十	万	千	百	十	元	角	分		千	百	十	万	千	百	十	元	角	分	
合 计																								

附单据 张

财务主管　　记账　　出纳　　审核　　制单

记账凭证

年　　月　　日　　　　　　　　字第　　号

摘　要	总账科目	明细科目	借方金额										✓	贷方金额										✓
			千	百	十	万	千	百	十	元	角	分		千	百	十	万	千	百	十	元	角	分	
合　计																								

附单据　张

财务主管　　　记账　　　出纳　　　审核　　　制单

记账凭证

年　　月　　日　　　　　　　　字第　　号

摘　要	总账科目	明细科目	借方金额										✓	贷方金额										✓
			千	百	十	万	千	百	十	元	角	分		千	百	十	万	千	百	十	元	角	分	
合　计																								

附单据　张

财务主管　　　记账　　　出纳　　　审核　　　制单

记 账 凭 证

年　　月　　日　　　　　　　　　　字第　　号

摘　要	总账科目	明细科目	借方金额										✓	贷方金额										✓
			千	百	十	万	千	百	十	元	角	分		千	百	十	万	千	百	十	元	角	分	
合　计																								

附单据　张

财务主管　　记账　　出纳　　审核　　制单

记 账 凭 证

年　　月　　日　　　　　　　　　　字第　　号

摘　要	总账科目	明细科目	借方金额										✓	贷方金额										✓
			千	百	十	万	千	百	十	元	角	分		千	百	十	万	千	百	十	元	角	分	
合　计																								

附单据　张

财务主管　　记账　　出纳　　审核　　制单

记账凭证

年　　月　　日　　　　　　　　字第　　号

摘要	总账科目	明细科目	借方金额										✓	贷方金额										✓
			千	百	十	万	千	百	十	元	角	分		千	百	十	万	千	百	十	元	角	分	
合计																								

附单据　　张

财务主管　　记账　　出纳　　审核　　制单

记账凭证

年　　月　　日　　　　　　　　字第　　号

摘要	总账科目	明细科目	借方金额										✓	贷方金额										✓
			千	百	十	万	千	百	十	元	角	分		千	百	十	万	千	百	十	元	角	分	
合计																								

附单据　　张

财务主管　　记账　　出纳　　审核　　制单

记 账 凭 证

年　　月　　日　　　　　　　　字第　　号

摘　要	总账科目	明细科目	借方金额										✓	贷方金额										✓
			千	百	十	万	千	百	十	元	角	分		千	百	十	万	千	百	十	元	角	分	
合　计																								

附单据　张

财务主管　　记账　　出纳　　审核　　制单

记 账 凭 证

年　　月　　日　　　　　　　　字第　　号

摘　要	总账科目	明细科目	借方金额										✓	贷方金额										✓
			千	百	十	万	千	百	十	元	角	分		千	百	十	万	千	百	十	元	角	分	
合　计																								

附单据　张

财务主管　　记账　　出纳　　审核　　制单

记 账 凭 证

年　　月　　日　　　　　　　　　　　　字第　　号

摘要	总账科目	明细科目	借方金额										✓	贷方金额										✓
			千	百	十	万	千	百	十	元	角	分		千	百	十	万	千	百	十	元	角	分	
合计																								

附单据　　张

财务主管　　　记账　　　出纳　　　审核　　　制单

记 账 凭 证

年　　月　　日　　　　　　　　　　　　字第　　号

摘要	总账科目	明细科目	借方金额										✓	贷方金额										✓
			千	百	十	万	千	百	十	元	角	分		千	百	十	万	千	百	十	元	角	分	
合计																								

附单据　　张

财务主管　　　记账　　　出纳　　　审核　　　制单

记账凭证

年　　月　　日　　　　　　　　　　字第　　号

摘要	总账科目	明细科目	借方金额										✓	贷方金额										✓
			千	百	十	万	千	百	十	元	角	分		千	百	十	万	千	百	十	元	角	分	
合计																								

附单据　　张

财务主管　　　　记账　　　　出纳　　　　审核　　　　制单

记账凭证

年　　月　　日　　　　　　　　　　字第　　号

摘要	总账科目	明细科目	借方金额										✓	贷方金额										✓
			千	百	十	万	千	百	十	元	角	分		千	百	十	万	千	百	十	元	角	分	
合计																								

附单据　　张

财务主管　　　　记账　　　　出纳　　　　审核　　　　制单

记账凭证

年　　月　　日　　　　　　　　字第　　号

摘要	总账科目	明细科目	借方金额										✓	贷方金额										✓
			千	百	十	万	千	百	十	元	角	分		千	百	十	万	千	百	十	元	角	分	
合计																								

附单据　　张

财务主管　　　记账　　　出纳　　　审核　　　制单

记账凭证

年　　月　　日　　　　　　　　字第　　号

摘要	总账科目	明细科目	借方金额										✓	贷方金额										✓
			千	百	十	万	千	百	十	元	角	分		千	百	十	万	千	百	十	元	角	分	
合计																								

附单据　　张

财务主管　　　记账　　　出纳　　　审核　　　制单

记账凭证

年　　月　　日　　　　　　　　　　　　字第　　号

摘　要	总账科目	明细科目	借方金额										✓	贷方金额										✓
			千	百	十	万	千	百	十	元	角	分		千	百	十	万	千	百	十	元	角	分	
合　计																								

附单据　张

财务主管　　　　记账　　　　出纳　　　　审核　　　　制单

记账凭证

年　　月　　日　　　　　　　　　　　　字第　　号

摘　要	总账科目	明细科目	借方金额										✓	贷方金额										✓
			千	百	十	万	千	百	十	元	角	分		千	百	十	万	千	百	十	元	角	分	
合　计																								

附单据　张

财务主管　　　　记账　　　　出纳　　　　审核　　　　制单

记 账 凭 证

年　　月　　日　　　　　　　　　　　　　　字第　　号

摘　　要	总账科目	明细科目	借方金额										✓	贷方金额										✓
			千	百	十	万	千	百	十	元	角	分		千	百	十	万	千	百	十	元	角	分	
合　　计																								

附单据　　张

财务主管　　　　记账　　　　出纳　　　　审核　　　　制单

记 账 凭 证

年　　月　　日　　　　　　　　　　　　　　字第　　号

摘　　要	总账科目	明细科目	借方金额										✓	贷方金额										✓
			千	百	十	万	千	百	十	元	角	分		千	百	十	万	千	百	十	元	角	分	
合　　计																								

附单据　　张

财务主管　　　　记账　　　　出纳　　　　审核　　　　制单

记账凭证

年　　月　　日　　　　　　　　　　　　字第　　号

摘　要	总账科目	明细科目	借方金额										✓	贷方金额										✓
			千	百	十	万	千	百	十	元	角	分		千	百	十	万	千	百	十	元	角	分	
合　计																								

附单据　　张

财务主管　　　　记账　　　　出纳　　　　审核　　　　制单

记账凭证

年　　月　　日　　　　　　　　　　　　字第　　号

摘　要	总账科目	明细科目	借方金额										✓	贷方金额										✓
			千	百	十	万	千	百	十	元	角	分		千	百	十	万	千	百	十	元	角	分	
合　计																								

附单据　　张

财务主管　　　　记账　　　　出纳　　　　审核　　　　制单

记账凭证

年　　月　　日　　　　　　　　　　　　字第　　号

摘　要	总账科目	明细科目	借方金额										✓	贷方金额										✓
			千	百	十	万	千	百	十	元	角	分		千	百	十	万	千	百	十	元	角	分	
合　计																								

附单据　　张

财务主管　　　　记账　　　　出纳　　　　审核　　　　制单

记账凭证

年　　月　　日　　　　　　　　　　　　字第　　号

摘　要	总账科目	明细科目	借方金额										✓	贷方金额										✓
			千	百	十	万	千	百	十	元	角	分		千	百	十	万	千	百	十	元	角	分	
合　计																								

附单据　　张

财务主管　　　　记账　　　　出纳　　　　审核　　　　制单

记账凭证

年　　月　　日　　　　　　　　字第　　号

摘　要	总账科目	明细科目	借方金额										√	贷方金额										√
			千	百	十	万	千	百	十	元	角	分		千	百	十	万	千	百	十	元	角	分	
合　计																								

附单据　　张

财务主管　　　　记账　　　　出纳　　　　审核　　　　制单

记账凭证

年　　月　　日　　　　　　　　字第　　号

摘　要	总账科目	明细科目	借方金额										√	贷方金额										√
			千	百	十	万	千	百	十	元	角	分		千	百	十	万	千	百	十	元	角	分	
合　计																								

附单据　　张

财务主管　　　　记账　　　　出纳　　　　审核　　　　制单

记账凭证

年　　月　　日　　　　　　　　　　字第　　号

摘　要	总账科目	明细科目	借方金额										✓	贷方金额										✓
			千	百	十	万	千	百	十	元	角	分		千	百	十	万	千	百	十	元	角	分	
合　计																								

附单据　　张

财务主管　　　　记账　　　　出纳　　　　审核　　　　制单

记账凭证

年　　月　　日　　　　　　　　　　字第　　号

摘　要	总账科目	明细科目	借方金额										✓	贷方金额										✓
			千	百	十	万	千	百	十	元	角	分		千	百	十	万	千	百	十	元	角	分	
合　计																								

附单据　　张

财务主管　　　　记账　　　　出纳　　　　审核　　　　制单

记 账 凭 证

年　　月　　日　　　　　　　　字第　　号

摘　要	总账科目	明细科目	借方金额										✓	贷方金额										✓
			千	百	十	万	千	百	十	元	角	分		千	百	十	万	千	百	十	元	角	分	
合　计																								

附单据　　张

财务主管　　　　记账　　　　出纳　　　　审核　　　　制单

记 账 凭 证

年　　月　　日　　　　　　　　字第　　号

摘　要	总账科目	明细科目	借方金额										✓	贷方金额										✓
			千	百	十	万	千	百	十	元	角	分		千	百	十	万	千	百	十	元	角	分	
合　计																								

附单据　　张

财务主管　　　　记账　　　　出纳　　　　审核　　　　制单

记账凭证

年　　月　　日　　　　　　　　　　字第　　号

摘要	总账科目	明细科目	借方金额										✓	贷方金额										✓
			千	百	十	万	千	百	十	元	角	分		千	百	十	万	千	百	十	元	角	分	
合计																								

附单据　　张

财务主管　　　　记账　　　　出纳　　　　审核　　　　制单

记账凭证

年　　月　　日　　　　　　　　　　字第　　号

摘要	总账科目	明细科目	借方金额										✓	贷方金额										✓
			千	百	十	万	千	百	十	元	角	分		千	百	十	万	千	百	十	元	角	分	
合计																								

附单据　　张

财务主管　　　　记账　　　　出纳　　　　审核　　　　制单

记 账 凭 证

年　　月　　日　　　　　　　　字第　　号

摘　要	总账科目	明细科目	借方金额										✓	贷方金额										✓
			千	百	十	万	千	百	十	元	角	分		千	百	十	万	千	百	十	元	角	分	
合　计																								

附单据　　张

财务主管　　　　记账　　　　出纳　　　　审核　　　　制单

记 账 凭 证

年　　月　　日　　　　　　　　字第　　号

摘　要	总账科目	明细科目	借方金额										✓	贷方金额										✓
			千	百	十	万	千	百	十	元	角	分		千	百	十	万	千	百	十	元	角	分	
合　计																								

附单据　　张

财务主管　　　　记账　　　　出纳　　　　审核　　　　制单

记 账 凭 证

年　　月　　日　　　　　　　　　　字第　　号

摘　　要	总账科目	明细科目	借方金额										✓	贷方金额										✓
			千	百	十	万	千	百	十	元	角	分		千	百	十	万	千	百	十	元	角	分	
合　　计																								

附单据　张

财务主管　　　记账　　　出纳　　　审核　　　制单

记 账 凭 证

年　　月　　日　　　　　　　　　　字第　　号

摘　　要	总账科目	明细科目	借方金额										✓	贷方金额										✓
			千	百	十	万	千	百	十	元	角	分		千	百	十	万	千	百	十	元	角	分	
合　　计																								

附单据　张

财务主管　　　记账　　　出纳　　　审核　　　制单

公司

总分类账

会计档案	自　　年　　月　　日至　　年　　月　　日止		
	册内共　　页（张）	保管期限：	
	全宗号：	目录号：	案卷号：

20　　年度

总分类账封底

账簿启用及接交表

单位名称		公　章
账簿名称	总分类账　（第　册）	
账簿编号		
账簿页数	本账簿共计　页（本账簿页数 检点人盖章　）	
启用日期	公元　年　月　日	

经管人员	单位主管		财务主管		复核		记账	
	姓名	盖章	姓名	盖章	姓名	盖章	姓名	盖章

接交记录	经管人员		接管				交出			
	职别	姓名	年	月	日	盖章	年	月	日	盖章
备注										

总分类账目录

编号	会计科目	起讫页码	编号	会计科目	起讫页码	编号	会计科目	起讫页码

总　量……　分　页……

会计		记账	

总分类账

编　号……　科　目……

年		凭证		摘要	日页	借方（收入）												贷方（付出）												借或贷	余额											
月	日	种类	号数			亿	千	百	十	万	千	百	十	元	角	分		亿	千	百	十	万	千	百	十	元	角	分			亿	千	百	十	万	千	百	十	元	角	分	

总　量……　分　页……

会计		记账	

总分类账

编　号……　科　目……

年		凭证		摘要	日页	借方（收入）												贷方（付出）												借或贷	余额											
月	日	种类	号数			亿	千	百	十	万	千	百	十	元	角	分		亿	千	百	十	万	千	百	十	元	角	分			亿	千	百	十	万	千	百	十	元	角	分	

总量 ....
分页 ....

会计		记账	

总分类账

编号 ....
科目 ....

年		凭证		摘要	日页	借方（收入）												贷方（付出）												借或贷	余额											
月	日	种类	号数			亿	千	百	十	万	千	百	十	元	角	分		亿	千	百	十	万	千	百	十	元	角	分			亿	千	百	十	万	千	百	十	元	角	分	

总量 ....
分页 ....

会计		记账	

总分类账

编号 ....
科目 ....

年		凭证		摘要	日页	借方（收入）												贷方（付出）												借或贷	余额											
月	日	种类	号数			亿	千	百	十	万	千	百	十	元	角	分		亿	千	百	十	万	千	百	十	元	角	分			亿	千	百	十	万	千	百	十	元	角	分	

总　量 ……　　分　页 ……

会计		记账	

总分类账

编　号 ……　　科　目 ……

年		凭证		摘要	日页	借方（收入）												贷方（付出）												借或贷	余额											
月	日	种类	号数			亿	千	百	十	万	千	百	十	元	角	分		亿	千	百	十	万	千	百	十	元	角	分			亿	千	百	十	万	千	百	十	元	角	分	

总　量 ……　　分　页 ……

会计		记账	

总分类账

编　号 ……　　科　目 ……

年		凭证		摘要	日页	借方（收入）												贷方（付出）												借或贷	余额											
月	日	种类	号数			亿	千	百	十	万	千	百	十	元	角	分		亿	千	百	十	万	千	百	十	元	角	分			亿	千	百	十	万	千	百	十	元	角	分	

总 量
分 页

会计		记账	

总分类账

编 号
科 目

年		凭证		摘要	日页	借方（收入）												贷方（付出）												借或贷	余额											
月	日	种类	号数			亿	千	百	十	万	千	百	十	元	角	分		亿	千	百	十	万	千	百	十	元	角	分			亿	千	百	十	万	千	百	十	元	角	分	

总 量
分 页

会计		记账	

总分类账

编 号
科 目

年		凭证		摘要	日页	借方（收入）												贷方（付出）												借或贷	余额											
月	日	种类	号数			亿	千	百	十	万	千	百	十	元	角	分		亿	千	百	十	万	千	百	十	元	角	分			亿	千	百	十	万	千	百	十	元	角	分	

总　量……
分　页……

会计		记账	

总分类账

编　号……
科　目……

年		凭证		摘要	日	借方（收入）												贷方（付出）												借或贷	余额											
月	日	种类	号数		页	亿	千	百	十	万	千	百	十	元	角	分		亿	千	百	十	万	千	百	十	元	角	分			亿	千	百	十	万	千	百	十	元	角	分	

总　量……
分　页……

会计		记账	

总分类账

编　号……
科　目……

年		凭证		摘要	日	借方（收入）												贷方（付出）												借或贷	余额											
月	日	种类	号数		页	亿	千	百	十	万	千	百	十	元	角	分		亿	千	百	十	万	千	百	十	元	角	分			亿	千	百	十	万	千	百	十	元	角	分	

总 量
分 页

会计		记账	

总分类账

编 号
科 目

年		凭证		摘要	日页	借方（收入）												贷方（付出）												借或贷	余额											
月	日	种类	号数			亿	千	百	十	万	千	百	十	元	角	分		亿	千	百	十	万	千	百	十	元	角	分			亿	千	百	十	万	千	百	十	元	角	分	

总 量
分 页

会计		记账	

总分类账

编 号
科 目

年		凭证		摘要	日页	借方（收入）												贷方（付出）												借或贷	余额											
月	日	种类	号数			亿	千	百	十	万	千	百	十	元	角	分		亿	千	百	十	万	千	百	十	元	角	分			亿	千	百	十	万	千	百	十	元	角	分	

总量…………
分页…………

会计		记账	

总分类账

编号…………
科目…………

年		凭证		摘要	日页	借方（收入）												贷方（付出）												借或贷	余额											
月	日	种类	号数			亿	千	百	十	万	千	百	十	元	角	分		亿	千	百	十	万	千	百	十	元	角	分			亿	千	百	十	万	千	百	十	元	角	分	

总量…………
分页…………

会计		记账	

总分类账

编号…………
科目…………

年		凭证		摘要	日页	借方（收入）												贷方（付出）												借或贷	余额											
月	日	种类	号数			亿	千	百	十	万	千	百	十	元	角	分		亿	千	百	十	万	千	百	十	元	角	分			亿	千	百	十	万	千	百	十	元	角	分	

总 量
分 页

会计		记账	

总分类账

编 号
科 目

年		凭证		摘要	日	借方(收入)												贷方(付出)												借或贷	余额											
月	日	种类	号数		页	亿	千	百	十	万	千	百	十	元	角	分		亿	千	百	十	万	千	百	十	元	角	分			亿	千	百	十	万	千	百	十	元	角	分	

总 量
分 页

会计		记账	

总分类账

编 号
科 目

年		凭证		摘要	日	借方(收入)												贷方(付出)												借或贷	余额											
月	日	种类	号数		页	亿	千	百	十	万	千	百	十	元	角	分		亿	千	百	十	万	千	百	十	元	角	分			亿	千	百	十	万	千	百	十	元	角	分	

总分类账

总　量……　　会计　　记账　　编　号……
分　页……　　　　　　　　　　科　目……

年		凭证		摘要	日	借方（收入）												贷方（付出）												借或贷	余额											
月	日	种类	号数		页	亿	千	百	十	万	千	百	十	元	角	分		亿	千	百	十	万	千	百	十	元	角	分			亿	千	百	十	万	千	百	十	元	角	分	

总分类账

总　量……　　会计　　记账　　编　号……
分　页……　　　　　　　　　　科　目……

年		凭证		摘要	日	借方（收入）												贷方（付出）												借或贷	余额											
月	日	种类	号数		页	亿	千	百	十	万	千	百	十	元	角	分		亿	千	百	十	万	千	百	十	元	角	分			亿	千	百	十	万	千	百	十	元	角	分	

总量 ....　　分页 ....

会计		记账	

总分类账

编号 ....　　科目 ....

年		凭证		摘要	日页	借方(收入)												贷方(付出)													借或贷	余额											
月	日	种类	号数			亿	千	百	十	万	千	百	十	元	角	分		亿	千	百	十	万	千	百	十	元	角	分			亿	千	百	十	万	千	百	十	元	角	分	

总量 ....　　分页 ....

会计		记账	

总分类账

编号 ....　　科目 ....

年		凭证		摘要	日页	借方(收入)												贷方(付出)													借或贷	余额											
月	日	种类	号数			亿	千	百	十	万	千	百	十	元	角	分		亿	千	百	十	万	千	百	十	元	角	分			亿	千	百	十	万	千	百	十	元	角	分	

总　量..........
分　页..........

会计		记账	

总分类账

编　号..........
科　目..........

年		凭证		摘要	日	借方（收入）												贷方（付出）												借或贷	余额											
月	日	种类	号数		页	亿	千	百	十	万	千	百	十	元	角	分		亿	千	百	十	万	千	百	十	元	角	分			亿	千	百	十	万	千	百	十	元	角	分	

总　量..........
分　页..........

会计		记账	

总分类账

编　号..........
科　目..........

年		凭证		摘要	日	借方（收入）												贷方（付出）												借或贷	余额											
月	日	种类	号数		页	亿	千	百	十	万	千	百	十	元	角	分		亿	千	百	十	万	千	百	十	元	角	分			亿	千	百	十	万	千	百	十	元	角	分	

总量…………
分页…………

会计		记账	

总分类账

编号…………
科目…………

年		凭证		摘要	日页	借方（收入）												贷方（付出）												借或贷	余额											
月	日	种类	号数			亿	千	百	十	万	千	百	十	元	角	分		亿	千	百	十	万	千	百	十	元	角	分			亿	千	百	十	万	千	百	十	元	角	分	

总量…………
分页…………

会计		记账	

总分类账

编号…………
科目…………

年		凭证		摘要	日页	借方（收入）												贷方（付出）												借或贷	余额											
月	日	种类	号数			亿	千	百	十	万	千	百	十	元	角	分		亿	千	百	十	万	千	百	十	元	角	分			亿	千	百	十	万	千	百	十	元	角	分	

总　量……　　分　页……

会计		记账	

总分类账

编　号……
科　目……

年		凭证		摘要	日页	借方（收入）												贷方（付出）												借或贷	余额											
月	日	种类	号数			亿	千	百	十	万	千	百	十	元	角	分		亿	千	百	十	万	千	百	十	元	角	分			亿	千	百	十	万	千	百	十	元	角	分	

总　量……　　分　页……

会计		记账	

总分类账

编　号……
科　目……

年		凭证		摘要	日页	借方（收入）												贷方（付出）												借或贷	余额											
月	日	种类	号数			亿	千	百	十	万	千	百	十	元	角	分		亿	千	百	十	万	千	百	十	元	角	分			亿	千	百	十	万	千	百	十	元	角	分	

总分类账

总 量
分 页

会计		记账	

编 号
科 目

年		凭证		摘 要	日	借 方(收入)												贷 方(付出)												借或贷	余 额											
月	日	种类	号数		页	亿	千	百	十	万	千	百	十	元	角	分		亿	千	百	十	万	千	百	十	元	角	分			亿	千	百	十	万	千	百	十	元	角	分	

总分类账

总 量
分 页

会计		记账	

编 号
科 目

年		凭证		摘 要	日	借 方(收入)												贷 方(付出)												借或贷	余 额											
月	日	种类	号数		页	亿	千	百	十	万	千	百	十	元	角	分		亿	千	百	十	万	千	百	十	元	角	分			亿	千	百	十	万	千	百	十	元	角	分	

总　量..........
分　页..........

会计		记账	

总分类账

编　号..........
科　目..........

年		凭证		摘要	日页	借方（收入）												贷方（付出）												借或贷	余额											
月	日	种类	号数			亿	千	百	十	万	千	百	十	元	角	分		亿	千	百	十	万	千	百	十	元	角	分			亿	千	百	十	万	千	百	十	元	角	分	

总　量..........
分　页..........

会计		记账	

总分类账

编　号..........
科　目..........

年		凭证		摘要	日页	借方（收入）												贷方（付出）												借或贷	余额											
月	日	种类	号数			亿	千	百	十	万	千	百	十	元	角	分		亿	千	百	十	万	千	百	十	元	角	分			亿	千	百	十	万	千	百	十	元	角	分	

总分类账

总量…………　分页…………

会计		记账	

编号…………　科目…………

年		凭证		摘要	日页	借方（收入）												贷方（付出）												借或贷	余额											
月	日	种类	号数			亿	千	百	十	万	千	百	十	元	角	分		亿	千	百	十	万	千	百	十	元	角	分			亿	千	百	十	万	千	百	十	元	角	分	

总分类账

总量…………　分页…………

会计		记账	

编号…………　科目…………

年		凭证		摘要	日页	借方（收入）												贷方（付出）												借或贷	余额											
月	日	种类	号数			亿	千	百	十	万	千	百	十	元	角	分		亿	千	百	十	万	千	百	十	元	角	分			亿	千	百	十	万	千	百	十	元	角	分	

总 量............ 分 页............

会计		记账	

总分类账

编 号............ 科 目............

年		凭证		摘 要	日	借 方（收入）												贷 方（付出）												借或贷	余 额											
月	日	种类	号数		页	亿	千	百	十	万	千	百	十	元	角	分		亿	千	百	十	万	千	百	十	元	角	分			亿	千	百	十	万	千	百	十	元	角	分	

总 量............ 分 页............

会计		记账	

总分类账

编 号............ 科 目............

年		凭证		摘 要	日	借 方（收入）												贷 方（付出）												借或贷	余 额											
月	日	种类	号数		页	亿	千	百	十	万	千	百	十	元	角	分		亿	千	百	十	万	千	百	十	元	角	分			亿	千	百	十	万	千	百	十	元	角	分	

总　量＿＿＿＿　　| 会计 | | 记账 | |

分　页＿＿＿＿

总分类账

编　号＿＿＿＿

科　目＿＿＿＿

年		凭证		摘要	日	借方（收入）												贷方（付出）												借或贷	余额											
月	日	种类	号数		页	亿	千	百	十	万	千	百	十	元	角	分		亿	千	百	十	万	千	百	十	元	角	分			亿	千	百	十	万	千	百	十	元	角	分

总　量＿＿＿＿　　| 会计 | | 记账 | |

分　页＿＿＿＿

总分类账

编　号＿＿＿＿

科　目＿＿＿＿

年		凭证		摘要	日	借方（收入）												贷方（付出）												借或贷	余额											
月	日	种类	号数		页	亿	千	百	十	万	千	百	十	元	角	分		亿	千	百	十	万	千	百	十	元	角	分			亿	千	百	十	万	千	百	十	元	角	分

总　量 ....
分　页 ....

会计		记账	

总分类账

编　号 ....
科　目 ....

年		凭证		摘要	日页	借方（收入）												贷方（付出）												借或贷	余额											
月	日	种类	号数			亿	千	百	十	万	千	百	十	元	角	分		亿	千	百	十	万	千	百	十	元	角	分			亿	千	百	十	万	千	百	十	元	角	分	

总　量 ....
分　页 ....

会计		记账	

总分类账

编　号 ....
科　目 ....

年		凭证		摘要	日页	借方（收入）												贷方（付出）												借或贷	余额											
月	日	种类	号数			亿	千	百	十	万	千	百	十	元	角	分		亿	千	百	十	万	千	百	十	元	角	分			亿	千	百	十	万	千	百	十	元	角	分	

总　量............
分　页............

会计		记账	

总分类账

编　号............
科　目............

年		凭证		摘要	日页	借　方（收入）												贷　方（付出）												借或贷	余　额											
月	日	种类	号数			亿	千	百	十	万	千	百	十	元	角	分		亿	千	百	十	万	千	百	十	元	角	分			亿	千	百	十	万	千	百	十	元	角	分	

总　量............
分　页............

会计		记账	

总分类账

编　号............
科　目............

年		凭证		摘要	日页	借　方（收入）												贷　方（付出）												借或贷	余　额											
月	日	种类	号数			亿	千	百	十	万	千	百	十	元	角	分		亿	千	百	十	万	千	百	十	元	角	分			亿	千	百	十	万	千	百	十	元	角	分	

总 量

分 页

会计 | 记账

总分类账

编 号

科 目

年		凭证		摘要	日	借方（收入）												贷方（付出）												借或贷	余额											
月	日	种类	号数		页	亿	千	百	十	万	千	百	十	元	角	分		亿	千	百	十	万	千	百	十	元	角	分			亿	千	百	十	万	千	百	十	元	角	分	

总 量

分 页

会计 | 记账

总分类账

编 号

科 目

年		凭证		摘要	日	借方（收入）												贷方（付出）												借或贷	余额											
月	日	种类	号数		页	亿	千	百	十	万	千	百	十	元	角	分		亿	千	百	十	万	千	百	十	元	角	分			亿	千	百	十	万	千	百	十	元	角	分	

总　量 ……………　　分　页 ……………

会计		记账	

总分类账

编　号 ……………
科　目 ……………

年		凭证		摘要	日页	借方（收入）												贷方（付出）												借或贷	余额											
月	日	种类	号数			亿	千	百	十	万	千	百	十	元	角	分		亿	千	百	十	万	千	百	十	元	角	分			亿	千	百	十	万	千	百	十	元	角	分	

总　量 ……………　　分　页 ……………

会计		记账	

总分类账

编　号 ……………
科　目 ……………

年		凭证		摘要	日页	借方（收入）												贷方（付出）												借或贷	余额											
月	日	种类	号数			亿	千	百	十	万	千	百	十	元	角	分		亿	千	百	十	万	千	百	十	元	角	分			亿	千	百	十	万	千	百	十	元	角	分	

总　量 ....
分　页 ....

会计		记账	

总分类账

编　号 ....
科　目 ....

年		凭证		摘要	日	借方（收入）												贷方（付出）												借或贷	余额											
月	日	种类	号数		页	亿	千	百	十	万	千	百	十	元	角	分		亿	千	百	十	万	千	百	十	元	角	分			亿	千	百	十	万	千	百	十	元	角	分	

总　量 ....
分　页 ....

会计		记账	

总分类账

编　号 ....
科　目 ....

年		凭证		摘要	日	借方（收入）												贷方（付出）												借或贷	余额											
月	日	种类	号数		页	亿	千	百	十	万	千	百	十	元	角	分		亿	千	百	十	万	千	百	十	元	角	分			亿	千	百	十	万	千	百	十	元	角	分	

总 量
分 页

会计		记账	

总分类账

编 号
科 目

年		凭证		摘要	日页	借方（收入）												贷方（付出）												借或贷	余额											
月	日	种类	号数			亿	千	百	十	万	千	百	十	元	角	分		亿	千	百	十	万	千	百	十	元	角	分			亿	千	百	十	万	千	百	十	元	角	分	

总 量
分 页

会计		记账	

总分类账

编 号
科 目

年		凭证		摘要	日页	借方（收入）												贷方（付出）												借或贷	余额											
月	日	种类	号数			亿	千	百	十	万	千	百	十	元	角	分		亿	千	百	十	万	千	百	十	元	角	分			亿	千	百	十	万	千	百	十	元	角	分	

总　量 ________ 　　　会计 　　 记账 　　

分　页 ________

总分类账

编　号 ________

科　目 ________

年		凭证		摘要	日页	借方（收入）												贷方（付出）												借或贷	余额											
月	日	种类	号数			亿	千	百	十	万	千	百	十	元	角	分		亿	千	百	十	万	千	百	十	元	角	分			亿	千	百	十	万	千	百	十	元	角	分	

总　量 ________ 　　　会计 　　 记账 　　

分　页 ________

总分类账

编　号 ________

科　目 ________

年		凭证		摘要	日页	借方（收入）												贷方（付出）												借或贷	余额											
月	日	种类	号数			亿	千	百	十	万	千	百	十	元	角	分		亿	千	百	十	万	千	百	十	元	角	分			亿	千	百	十	万	千	百	十	元	角	分	

总　量……　　会计　　记账

总分类账

编　号……
科　目……

分　页……

年		凭证		摘　要	日	借　方（收入）												贷　方（付出）												借或贷	余　额											
月	日	种类	号数		页	亿	千	百	十	万	千	百	十	元	角	分		亿	千	百	十	万	千	百	十	元	角	分			亿	千	百	十	万	千	百	十	元	角	分	

总　量……　　会计　　记账

总分类账

编　号……
科　目……

分　页……

年		凭证		摘　要	日	借　方（收入）												贷　方（付出）												借或贷	余　额											
月	日	种类	号数		页	亿	千	百	十	万	千	百	十	元	角	分		亿	千	百	十	万	千	百	十	元	角	分			亿	千	百	十	万	千	百	十	元	角	分	

总分类账

总　量……　分　页……

会计		记账	

编　号……　科　目……

年		凭证		摘要	日页	借方（收入）												贷方（付出）												借或贷	余额											
月	日	种类	号数			亿	千	百	十	万	千	百	十	元	角	分		亿	千	百	十	万	千	百	十	元	角	分			亿	千	百	十	万	千	百	十	元	角	分	

总分类账

总　量……　分　页……

会计		记账	

编　号……　科　目……

年		凭证		摘要	日页	借方（收入）												贷方（付出）												借或贷	余额											
月	日	种类	号数			亿	千	百	十	万	千	百	十	元	角	分		亿	千	百	十	万	千	百	十	元	角	分			亿	千	百	十	万	千	百	十	元	角	分	

总分类账

总　量……
分　页……

会计		记账	

编　号……
科　目……

年		凭证		摘　　要	日页	借　方（收入）												贷　方（付出）												借或贷	余　额											
月	日	种类	号数			亿	千	百	十	万	千	百	十	元	角	分		亿	千	百	十	万	千	百	十	元	角	分			亿	千	百	十	万	千	百	十	元	角	分	

总分类账

总　量……
分　页……

会计		记账	

编　号……
科　目……

年		凭证		摘　　要	日页	借　方（收入）												贷　方（付出）												借或贷	余　额											
月	日	种类	号数			亿	千	百	十	万	千	百	十	元	角	分		亿	千	百	十	万	千	百	十	元	角	分			亿	千	百	十	万	千	百	十	元	角	分	

总　量……
分　页……

会计		记账	

总分类账

编　号……
科　目……

年		凭证		摘要	日页	借方（收入）												贷方（付出）												借或贷	余额											
月	日	种类	号数			亿	千	百	十	万	千	百	十	元	角	分		亿	千	百	十	万	千	百	十	元	角	分			亿	千	百	十	万	千	百	十	元	角	分	

总　量……
分　页……

会计		记账	

总分类账

编　号……
科　目……

年		凭证		摘要	日页	借方（收入）												贷方（付出）												借或贷	余额											
月	日	种类	号数			亿	千	百	十	万	千	百	十	元	角	分		亿	千	百	十	万	千	百	十	元	角	分			亿	千	百	十	万	千	百	十	元	角	分	

总分类账

总量…………　分页…………

会计		记账	

编号…………　科目…………

年		凭证		摘要	日页	借方（收入）												贷方（付出）												借或贷	余额											
月	日	种类	号数			亿	千	百	十	万	千	百	十	元	角	分		亿	千	百	十	万	千	百	十	元	角	分			亿	千	百	十	万	千	百	十	元	角	分	

总分类账

总量…………　分页…………

会计		记账	

编号…………　科目…………

年		凭证		摘要	日页	借方（收入）												贷方（付出）												借或贷	余额											
月	日	种类	号数			亿	千	百	十	万	千	百	十	元	角	分		亿	千	百	十	万	千	百	十	元	角	分			亿	千	百	十	万	千	百	十	元	角	分	

总分类账

总　量…………　　会计　　记账　　编　号…………
分　页…………　　　　　　　　　　科　目…………

年		凭证		摘要	日页	借方(收入)												贷方(付出)												借或贷	余额											
月	日	种类	号数			亿	千	百	十	万	千	百	十	元	角	分		亿	千	百	十	万	千	百	十	元	角	分			亿	千	百	十	万	千	百	十	元	角	分	

总分类账

总　量…………　　会计　　记账　　编　号…………
分　页…………　　　　　　　　　　科　目…………

年		凭证		摘要	日页	借方(收入)												贷方(付出)												借或贷	余额											
月	日	种类	号数			亿	千	百	十	万	千	百	十	元	角	分		亿	千	百	十	万	千	百	十	元	角	分			亿	千	百	十	万	千	百	十	元	角	分	

总　量…………　分　页…………

会计		记账	

总分类账

编　号…………

科　目…………

年		凭证		摘要	日页	借方(收入)												贷方(付出)												借或贷	余额											
月	日	种类	号数			亿	千	百	十	万	千	百	十	元	角	分		亿	千	百	十	万	千	百	十	元	角	分			亿	千	百	十	万	千	百	十	元	角	分	

总　量…………　分　页…………

会计		记账	

总分类账

编　号…………

科　目…………

年		凭证		摘要	日页	借方(收入)												贷方(付出)												借或贷	余额											
月	日	种类	号数			亿	千	百	十	万	千	百	十	元	角	分		亿	千	百	十	万	千	百	十	元	角	分			亿	千	百	十	万	千	百	十	元	角	分	

总　量……　　会计　　记账　　**总分类账**　　编　号……
分　页……　　　　　　　　　　　　　　　　　　科　目……

年		凭证		摘要	日页	借方（收入）												贷方（付出）												借或贷	余额											
月	日	种类	号数			亿	千	百	十	万	千	百	十	元	角	分		亿	千	百	十	万	千	百	十	元	角	分			亿	千	百	十	万	千	百	十	元	角	分	

总　量……　　会计　　记账　　**总分类账**　　编　号……
分　页……　　　　　　　　　　　　　　　　　　科　目……

年		凭证		摘要	日页	借方（收入）												贷方（付出）												借或贷	余额											
月	日	种类	号数			亿	千	百	十	万	千	百	十	元	角	分		亿	千	百	十	万	千	百	十	元	角	分			亿	千	百	十	万	千	百	十	元	角	分	

总 量 ....　　会计 ______　记账 ______

分 页 ....

总分类账

编 号 ....

科 目 ....

年		凭证		摘要	日页	借方(收入)												贷方(付出)												借或贷	余额											
月	日	种类	号数			亿	千	百	十	万	千	百	十	元	角	分		亿	千	百	十	万	千	百	十	元	角	分			亿	千	百	十	万	千	百	十	元	角	分	

总 量 ....　　会计 ______　记账 ______

分 页 ....

总分类账

编 号 ....

科 目 ....

年		凭证		摘要	日页	借方(收入)												贷方(付出)												借或贷	余额											
月	日	种类	号数			亿	千	百	十	万	千	百	十	元	角	分		亿	千	百	十	万	千	百	十	元	角	分			亿	千	百	十	万	千	百	十	元	角	分	

总　量……　分　页……

会计		记账	

总分类账

编　号……
科　目……

年		凭证		摘　要	日	借　方（收入）												贷　方（付出）												借或贷	余　额											
月	日	种类	号数		页	亿	千	百	十	万	千	百	十	元	角	分		亿	千	百	十	万	千	百	十	元	角	分			亿	千	百	十	万	千	百	十	元	角	分	

总　量……　分　页……

会计		记账	

总分类账

编　号……
科　目……

年		凭证		摘　要	日	借　方（收入）												贷　方（付出）												借或贷	余　额											
月	日	种类	号数		页	亿	千	百	十	万	千	百	十	元	角	分		亿	千	百	十	万	千	百	十	元	角	分			亿	千	百	十	万	千	百	十	元	角	分	

总分类账

总　量……　　会计　　记账　　编　号……
分　页……　　　　　　　　　科　目……

年		凭证		摘　要	日	借　方（收入）												贷　方（付出）												借或贷	余　额											
月	日	种类	号数		页	亿	千	百	十	万	千	百	十	元	角	分		亿	千	百	十	万	千	百	十	元	角	分			亿	千	百	十	万	千	百	十	元	角	分	

总分类账

总　量……　　会计　　记账　　编　号……
分　页……　　　　　　　　　科　目……

年		凭证		摘　要	日	借　方（收入）												贷　方（付出）												借或贷	余　额											
月	日	种类	号数		页	亿	千	百	十	万	千	百	十	元	角	分		亿	千	百	十	万	千	百	十	元	角	分			亿	千	百	十	万	千	百	十	元	角	分	

公司

日　　记　　账

（现金日记账、银行存款日记账）

会计档案	自　　年　　月　　日至　　年　　月　　日止		
	册内共　　页（张）		保管期限：
	全宗号：	目录号：	案卷号：

20　　年度

日记账封底

账簿启用及接交表

单位名称		公　章
账簿名称	**日记账**　　　（第　　册）	
账簿编号		
账簿页数	本账簿共计　　页（本账簿页数 检点人盖章　　　）	
启用日期	公元　　年　　月　　日	

经管人员	单位主管		财务主管		复　核		记　账	
	姓　名	盖章	姓　名	盖章	姓　名	盖章	姓　名	盖章

接交记录	经管人员		接　管				交　出			
	职　别	姓　名	年	月	日	盖章	年	月	日	盖章
备注										

现金日记账

年		凭证		摘要	对方科目	日页	借方金额										✓	贷方金额										✓	借或贷	余额										✓
月	日	种类	号数				千	百	十	万	千	百	十	元	角	分		千	百	十	万	千	百	十	元	角	分			千	百	十	万	千	百	十	元	角	分	

现金日记账

年		凭证		摘要	对方科目	日页	借方金额										✓	贷方金额										✓	借或贷	余额										✓
月	日	种类	号数				千	百	十	万	千	百	十	元	角	分		千	百	十	万	千	百	十	元	角	分			千	百	十	万	千	百	十	元	角	分	

银行存款日记账

年		凭证		摘要	对方科目	日页	借方金额										✓	贷方金额										✓	借或贷	余额										✓
月	日	种类	号数				千	百	十	万	千	百	十	元	角	分		千	百	十	万	千	百	十	元	角	分			千	百	十	万	千	百	十	元	角	分	

银行存款日记账

年		凭证		摘要	对方科目	日页	借方金额										✓	贷方金额										✓	借或贷	余额										✓
月	日	种类	号数				千	百	十	万	千	百	十	元	角	分		千	百	十	万	千	百	十	元	角	分			千	百	十	万	千	百	十	元	角	分	

银行存款日记账

年		凭证		摘要	对方科目	日页	借方金额										✓	贷方金额										✓	借或贷	余额										✓
月	日	种类	号数				千	百	十	万	千	百	十	元	角	分		千	百	十	万	千	百	十	元	角	分			千	百	十	万	千	百	十	元	角	分	

银行存款日记账

年		凭证		摘要	对方科目	日页	借方金额										✓	贷方金额										✓	借或贷	余额										✓
月	日	种类	号数				千	百	十	万	千	百	十	元	角	分		千	百	十	万	千	百	十	元	角	分			千	百	十	万	千	百	十	元	角	分	

公司

明细分类账

<table>
<tr><td rowspan="3">会计档案</td><td colspan="3">自　　　年　　月　　日至　　　年　　月　　日止</td></tr>
<tr><td colspan="3">册内共　　　页（张）　　　　　保管期限：</td></tr>
<tr><td>全宗号：</td><td>目录号：</td><td>案卷号：</td></tr>
</table>

20　　年度

明细分类账封底

账簿启用及接交表

单位名称		公　章
账簿名称	**明细分类账**　　（第　　册）	
账簿编号		
账簿页数	本账簿共计　　页（本账簿页数 检点人盖章　　）	
启用日期	公元　　年　　月　　日	

经管人员	单位主管		财务主管		复　核		记　账	
	姓　名	盖章	姓　名	盖章	姓　名	盖章	姓　名	盖章

接交记录	经管人员		接　管				交　出			
	职　别	姓　名	年	月	日	盖章	年	月	日	盖章
备注										

明细分类账目录

编号	会计科目	起讫页码	编号	会计科目	起讫页码	编号	会计科目	起讫页码

明细分类账

总第……页　　分第……页

……级科目编号及名称……

……级科目编号及名称……

年		凭证		摘要	对方科目	日页	借方金额										✓	贷方金额										✓	借或贷	余额										✓
月	日	种类	号数				千	百	十	万	千	百	十	元	角	分		千	百	十	万	千	百	十	元	角	分			千	百	十	万	千	百	十	元	角	分	

明细分类账

总第……页　　分第……页

……级科目编号及名称……

……级科目编号及名称……

年		凭证		摘要	对方科目	日页	借方金额										✓	贷方金额										✓	借或贷	余额										✓
月	日	种类	号数				千	百	十	万	千	百	十	元	角	分		千	百	十	万	千	百	十	元	角	分			千	百	十	万	千	百	十	元	角	分	

明细分类账

总第……页　分第……页

……级科目编号及名称……

……级科目编号及名称……

年		凭证		摘要	对方科目	日页	借方金额										✓	贷方金额										✓	借或贷	余额										✓
月	日	种类	号数				千	百	十	万	千	百	十	元	角	分		千	百	十	万	千	百	十	元	角	分			千	百	十	万	千	百	十	元	角	分	

明细分类账

总第……页　分第……页

……级科目编号及名称……

……级科目编号及名称……

年		凭证		摘要	对方科目	日页	借方金额										✓	贷方金额										✓	借或贷	余额										✓
月	日	种类	号数				千	百	十	万	千	百	十	元	角	分		千	百	十	万	千	百	十	元	角	分			千	百	十	万	千	百	十	元	角	分	

明细分类账

总第……页　　分第……页

……级科目编号及名称……

……级科目编号及名称……

年		凭证		摘要	对方科目	日页	借方金额										✓	贷方金额										✓	借或贷	余额										✓
月	日	种类	号数				千	百	十	万	千	百	十	元	角	分		千	百	十	万	千	百	十	元	角	分			千	百	十	万	千	百	十	元	角	分	

明细分类账

总第……页　　分第……页

……级科目编号及名称……

……级科目编号及名称……

年		凭证		摘要	对方科目	日页	借方金额										✓	贷方金额										✓	借或贷	余额										✓
月	日	种类	号数				千	百	十	万	千	百	十	元	角	分		千	百	十	万	千	百	十	元	角	分			千	百	十	万	千	百	十	元	角	分	

明细分类账

总第　　页　　分第　　页

级科目编号及名称

级科目编号及名称

年		凭证		摘要	对方科目	日页	借方金额										✓	贷方金额										✓	借或贷	余额										✓
月	日	种类	号数				千	百	十	万	千	百	十	元	角	分		千	百	十	万	千	百	十	元	角	分			千	百	十	万	千	百	十	元	角	分	

明细分类账

总第　　页　　分第　　页

级科目编号及名称

级科目编号及名称

年		凭证		摘要	对方科目	日页	借方金额										✓	贷方金额										✓	借或贷	余额										✓
月	日	种类	号数				千	百	十	万	千	百	十	元	角	分		千	百	十	万	千	百	十	元	角	分			千	百	十	万	千	百	十	元	角	分	

明细分类账

总第……页　　分第……页

……级科目编号及名称……

……级科目编号及名称……

年		凭证		摘要	对方科目	日页	借方金额										✓	贷方金额										✓	借或贷	余额										✓
月	日	种类	号数				千	百	十	万	千	百	十	元	角	分		千	百	十	万	千	百	十	元	角	分			千	百	十	万	千	百	十	元	角	分	

明细分类账

总第……页　　分第……页

……级科目编号及名称……

……级科目编号及名称……

年		凭证		摘要	对方科目	日页	借方金额										✓	贷方金额										✓	借或贷	余额										✓
月	日	种类	号数				千	百	十	万	千	百	十	元	角	分		千	百	十	万	千	百	十	元	角	分			千	百	十	万	千	百	十	元	角	分	

明细分类账

总第____页　分第____页

____级科目编号及名称____

____级科目编号及名称____

年		凭证		摘要	对方科目	日页	借方金额										✓	贷方金额										✓	借或贷	余额										✓
月	日	种类	号数				千	百	十	万	千	百	十	元	角	分		千	百	十	万	千	百	十	元	角	分			千	百	十	万	千	百	十	元	角	分	

明细分类账

总第____页　分第____页

____级科目编号及名称____

____级科目编号及名称____

年		凭证		摘要	对方科目	日页	借方金额										✓	贷方金额										✓	借或贷	余额										✓
月	日	种类	号数				千	百	十	万	千	百	十	元	角	分		千	百	十	万	千	百	十	元	角	分			千	百	十	万	千	百	十	元	角	分	

明细分类账

总第……页　　分第……页

……级科目编号及名称……

……级科目编号及名称……

年		凭证		摘要	对方科目	日页	借方金额										✓	贷方金额										✓	借或贷	余额										✓
月	日	种类	号数				千	百	十	万	千	百	十	元	角	分		千	百	十	万	千	百	十	元	角	分			千	百	十	万	千	百	十	元	角	分	

明细分类账

总第……页　　分第……页

……级科目编号及名称……

……级科目编号及名称……

年		凭证		摘要	对方科目	日页	借方金额										✓	贷方金额										✓	借或贷	余额										✓
月	日	种类	号数				千	百	十	万	千	百	十	元	角	分		千	百	十	万	千	百	十	元	角	分			千	百	十	万	千	百	十	元	角	分	

明细分类账

总第____页　分第____页

____级科目编号及名称____

____级科目编号及名称____

年		凭证		摘要	对方科目	日页	借方金额										✓	贷方金额										✓	借或贷	余额										✓
月	日	种类	号数				千	百	十	万	千	百	十	元	角	分		千	百	十	万	千	百	十	元	角	分			千	百	十	万	千	百	十	元	角	分	

明细分类账

总第____页　分第____页

____级科目编号及名称____

____级科目编号及名称____

年		凭证		摘要	对方科目	日页	借方金额										✓	贷方金额										✓	借或贷	余额										✓
月	日	种类	号数				千	百	十	万	千	百	十	元	角	分		千	百	十	万	千	百	十	元	角	分			千	百	十	万	千	百	十	元	角	分	

明细分类账

总第……页　分第……页

……级科目编号及名称……

……级科目编号及名称……

年		凭证		摘要	对方科目	日页	借方金额										✓	贷方金额										✓	借或贷	余额										✓
月	日	种类	号数				千	百	十	万	千	百	十	元	角	分		千	百	十	万	千	百	十	元	角	分			千	百	十	万	千	百	十	元	角	分	

明细分类账

总第……页　分第……页

……级科目编号及名称……

……级科目编号及名称……

年		凭证		摘要	对方科目	日页	借方金额										✓	贷方金额										✓	借或贷	余额										✓
月	日	种类	号数				千	百	十	万	千	百	十	元	角	分		千	百	十	万	千	百	十	元	角	分			千	百	十	万	千	百	十	元	角	分	

明细分类账

总第　　页　　分第　　页

级科目编号及名称

级科目编号及名称

年		凭证		摘要	对方科目	日页	借方金额										✓	贷方金额										✓	借或贷	余额										✓
月	日	种类	号数				千	百	十	万	千	百	十	元	角	分		千	百	十	万	千	百	十	元	角	分			千	百	十	万	千	百	十	元	角	分	

明细分类账

总第　　页　　分第　　页

级科目编号及名称

级科目编号及名称

年		凭证		摘要	对方科目	日页	借方金额										✓	贷方金额										✓	借或贷	余额										✓
月	日	种类	号数				千	百	十	万	千	百	十	元	角	分		千	百	十	万	千	百	十	元	角	分			千	百	十	万	千	百	十	元	角	分	

明细分类账

总第......页　　分第......页

......级科目编号及名称......

......级科目编号及名称......

年		凭证		摘要	对方科目	日页	借方金额										✓	贷方金额										✓	借或贷	余额										✓
月	日	种类	号数				千	百	十	万	千	百	十	元	角	分		千	百	十	万	千	百	十	元	角	分			千	百	十	万	千	百	十	元	角	分	

明细分类账

总第......页　　分第......页

......级科目编号及名称......

......级科目编号及名称......

年		凭证		摘要	对方科目	日页	借方金额										✓	贷方金额										✓	借或贷	余额										✓
月	日	种类	号数				千	百	十	万	千	百	十	元	角	分		千	百	十	万	千	百	十	元	角	分			千	百	十	万	千	百	十	元	角	分	

明细分类账

总第......页　　分第......页

......级科目编号及名称......

......级科目编号及名称......

年		凭证		摘要	对方科目	日页	借方金额										✓	贷方金额										✓	借或贷	余额										✓
月	日	种类	号数				千	百	十	万	千	百	十	元	角	分		千	百	十	万	千	百	十	元	角	分			千	百	十	万	千	百	十	元	角	分	

明细分类账

总第......页　　分第......页

......级科目编号及名称......

......级科目编号及名称......

年		凭证		摘要	对方科目	日页	借方金额										✓	贷方金额										✓	借或贷	余额										✓
月	日	种类	号数				千	百	十	万	千	百	十	元	角	分		千	百	十	万	千	百	十	元	角	分			千	百	十	万	千	百	十	元	角	分	

明细分类账

总第……页　分第……页

……级科目编号及名称……

……级科目编号及名称……

年		凭证		摘要	对方科目	日	借方金额										✓	贷方金额										✓	借或贷	余额										✓
月	日	种类	号数			页	千	百	十	万	千	百	十	元	角	分		千	百	十	万	千	百	十	元	角	分			千	百	十	万	千	百	十	元	角	分	

明细分类账

总第……页　分第……页

……级科目编号及名称……

……级科目编号及名称……

年		凭证		摘要	对方科目	日	借方金额										✓	贷方金额										✓	借或贷	余额										✓
月	日	种类	号数			页	千	百	十	万	千	百	十	元	角	分		千	百	十	万	千	百	十	元	角	分			千	百	十	万	千	百	十	元	角	分	

明细分类账

总第____页　分第____页

____级科目编号及名称____________

____级科目编号及名称____________

年		凭证		摘要	对方科目	日页	借方金额										✓	贷方金额										✓	借或贷	余额										✓
月	日	种类	号数				千	百	十	万	千	百	十	元	角	分		千	百	十	万	千	百	十	元	角	分			千	百	十	万	千	百	十	元	角	分	

明细分类账

总第____页　分第____页

____级科目编号及名称____________

____级科目编号及名称____________

年		凭证		摘要	对方科目	日页	借方金额										✓	贷方金额										✓	借或贷	余额										✓
月	日	种类	号数				千	百	十	万	千	百	十	元	角	分		千	百	十	万	千	百	十	元	角	分			千	百	十	万	千	百	十	元	角	分	

明细分类账

总第……页　分第……页

……级科目编号及名称……

……级科目编号及名称……

年		凭证		摘要	对方科目	日	借方金额										✓	贷方金额										✓	借或贷	余额										✓
月	日	种类	号数			页	千	百	十	万	千	百	十	元	角	分		千	百	十	万	千	百	十	元	角	分			千	百	十	万	千	百	十	元	角	分	

明细分类账

总第……页　分第……页

……级科目编号及名称……

……级科目编号及名称……

年		凭证		摘要	对方科目	日	借方金额										✓	贷方金额										✓	借或贷	余额										✓
月	日	种类	号数			页	千	百	十	万	千	百	十	元	角	分		千	百	十	万	千	百	十	元	角	分			千	百	十	万	千	百	十	元	角	分	

明细分类账

总第　　页　　分第　　页

级科目编号及名称

级科目编号及名称

年		凭证		摘要	对方科目	日页	借方金额										✓	贷方金额										✓	借或贷	余额										✓
月	日	种类	号数				千	百	十	万	千	百	十	元	角	分		千	百	十	万	千	百	十	元	角	分			千	百	十	万	千	百	十	元	角	分	

明细分类账

总第　　页　　分第　　页

级科目编号及名称

级科目编号及名称

年		凭证		摘要	对方科目	日页	借方金额										✓	贷方金额										✓	借或贷	余额										✓
月	日	种类	号数				千	百	十	万	千	百	十	元	角	分		千	百	十	万	千	百	十	元	角	分			千	百	十	万	千	百	十	元	角	分	

明细分类账

总第……页　分第……页

……级科目编号及名称……

……级科目编号及名称……

年		凭证		摘要	对方科目	日页	借方金额										✓	贷方金额										✓	借或贷	余额										✓
月	日	种类	号数				千	百	十	万	千	百	十	元	角	分		千	百	十	万	千	百	十	元	角	分			千	百	十	万	千	百	十	元	角	分	

明细分类账

总第……页　分第……页

……级科目编号及名称……

……级科目编号及名称……

年		凭证		摘要	对方科目	日页	借方金额										✓	贷方金额										✓	借或贷	余额										✓
月	日	种类	号数				千	百	十	万	千	百	十	元	角	分		千	百	十	万	千	百	十	元	角	分			千	百	十	万	千	百	十	元	角	分	

明细分类账

总第____页　分第____页

____级科目编号及名称____

____级科目编号及名称____

年		凭证		摘　要	对方科目	日页	借方金额										✓	贷方金额										✓	借或贷	余额										✓
月	日	种类	号数				千	百	十	万	千	百	十	元	角	分		千	百	十	万	千	百	十	元	角	分			千	百	十	万	千	百	十	元	角	分	

明细分类账

总第____页　分第____页

____级科目编号及名称____

____级科目编号及名称____

年		凭证		摘　要	对方科目	日页	借方金额										✓	贷方金额										✓	借或贷	余额										✓
月	日	种类	号数				千	百	十	万	千	百	十	元	角	分		千	百	十	万	千	百	十	元	角	分			千	百	十	万	千	百	十	元	角	分	

明细分类账

总第____页　分第____页

____级科目编号及名称____

____级科目编号及名称____

年		凭证		摘要	对方科目	日页	借方金额										✓	贷方金额										✓	借或贷	余额										✓
月	日	种类	号数				千	百	十	万	千	百	十	元	角	分		千	百	十	万	千	百	十	元	角	分			千	百	十	万	千	百	十	元	角	分	

明细分类账

总第____页　分第____页

____级科目编号及名称____

____级科目编号及名称____

年		凭证		摘要	对方科目	日页	借方金额										✓	贷方金额										✓	借或贷	余额										✓
月	日	种类	号数				千	百	十	万	千	百	十	元	角	分		千	百	十	万	千	百	十	元	角	分			千	百	十	万	千	百	十	元	角	分	

明细分类账

总第＿＿页　分第＿＿页

＿＿级科目编号及名称＿＿＿＿

＿＿级科目编号及名称＿＿＿＿

年		凭证		摘要	对方科目	日页	借方金额										√	贷方金额										√	借或贷	余额										√
月	日	种类	号数				千	百	十	万	千	百	十	元	角	分		千	百	十	万	千	百	十	元	角	分			千	百	十	万	千	百	十	元	角	分	

明细分类账

总第＿＿页　分第＿＿页

＿＿级科目编号及名称＿＿＿＿

＿＿级科目编号及名称＿＿＿＿

年		凭证		摘要	对方科目	日页	借方金额										√	贷方金额										√	借或贷	余额										√
月	日	种类	号数				千	百	十	万	千	百	十	元	角	分		千	百	十	万	千	百	十	元	角	分			千	百	十	万	千	百	十	元	角	分	

明细分类账

总第……页　　分第……页

……级科目编号及名称……

……级科目编号及名称……

年		凭证		摘要	对方科目	日页	借方金额										✓	贷方金额										✓	借或贷	余额										✓
月	日	种类	号数				千	百	十	万	千	百	十	元	角	分		千	百	十	万	千	百	十	元	角	分			千	百	十	万	千	百	十	元	角	分	

明细分类账

总第……页　　分第……页

……级科目编号及名称……

……级科目编号及名称……

年		凭证		摘要	对方科目	日页	借方金额										✓	贷方金额										✓	借或贷	余额										✓
月	日	种类	号数				千	百	十	万	千	百	十	元	角	分		千	百	十	万	千	百	十	元	角	分			千	百	十	万	千	百	十	元	角	分	

明细分类账

总第……页　分第……页

……级科目编号及名称……

……级科目编号及名称……

年		凭证		摘要	对方科目	日页	借方金额										✓	贷方金额										✓	借或贷	余额										✓
月	日	种类	号数				千	百	十	万	千	百	十	元	角	分		千	百	十	万	千	百	十	元	角	分			千	百	十	万	千	百	十	元	角	分	

明细分类账

总第……页　分第……页

……级科目编号及名称……

……级科目编号及名称……

年		凭证		摘要	对方科目	日页	借方金额										✓	贷方金额										✓	借或贷	余额										✓
月	日	种类	号数				千	百	十	万	千	百	十	元	角	分		千	百	十	万	千	百	十	元	角	分			千	百	十	万	千	百	十	元	角	分	

明细分类账

总第……页　分第……页

……级科目编号及名称……

……级科目编号及名称……

年		凭证		摘要	对方科目	日页	借方金额										✓	贷方金额										✓	借或贷	余额										✓
月	日	种类	号数				千	百	十	万	千	百	十	元	角	分		千	百	十	万	千	百	十	元	角	分			千	百	十	万	千	百	十	元	角	分	

明细分类账

总第……页　分第……页

……级科目编号及名称……

……级科目编号及名称……

年		凭证		摘要	对方科目	日页	借方金额										✓	贷方金额										✓	借或贷	余额										✓
月	日	种类	号数				千	百	十	万	千	百	十	元	角	分		千	百	十	万	千	百	十	元	角	分			千	百	十	万	千	百	十	元	角	分	

明细分类账

总第……页　分第……页

……级科目编号及名称……

……级科目编号及名称……

年		凭证		摘要	对方科目	日页	借方金额										✓	贷方金额										✓	借或贷	余额										✓
月	日	种类	号数				千	百	十	万	千	百	十	元	角	分		千	百	十	万	千	百	十	元	角	分			千	百	十	万	千	百	十	元	角	分	

明细分类账

总第……页　分第……页

……级科目编号及名称……

……级科目编号及名称……

年		凭证		摘要	对方科目	日页	借方金额										✓	贷方金额										✓	借或贷	余额										✓
月	日	种类	号数				千	百	十	万	千	百	十	元	角	分		千	百	十	万	千	百	十	元	角	分			千	百	十	万	千	百	十	元	角	分	

明细分类账

总第……页 分第……页

……级科目编号及名称……

……级科目编号及名称……

年		凭证		摘要	对方科目	日页	借方金额										✓	贷方金额										✓	借或贷	余额										✓
月	日	种类	号数				千	百	十	万	千	百	十	元	角	分		千	百	十	万	千	百	十	元	角	分			千	百	十	万	千	百	十	元	角	分	

明细分类账

总第……页 分第……页

……级科目编号及名称……

……级科目编号及名称……

年		凭证		摘要	对方科目	日页	借方金额										✓	贷方金额										✓	借或贷	余额										✓
月	日	种类	号数				千	百	十	万	千	百	十	元	角	分		千	百	十	万	千	百	十	元	角	分			千	百	十	万	千	百	十	元	角	分	

明细分类账

总第 ____ 页　分第 ____ 页

____级科目编号及名称 ____________

____级科目编号及名称 ____________

年		凭证		摘要	对方科目	日页	借方金额										✓	贷方金额										✓	借或贷	余额										✓
月	日	种类	号数				千	百	十	万	千	百	十	元	角	分		千	百	十	万	千	百	十	元	角	分			千	百	十	万	千	百	十	元	角	分	

明细分类账

总第 ____ 页　分第 ____ 页

____级科目编号及名称 ____________

____级科目编号及名称 ____________

年		凭证		摘要	对方科目	日页	借方金额										✓	贷方金额										✓	借或贷	余额										✓
月	日	种类	号数				千	百	十	万	千	百	十	元	角	分		千	百	十	万	千	百	十	元	角	分			千	百	十	万	千	百	十	元	角	分	

明细分类账

总第……页　分第……页

……级科目编号及名称……

……级科目编号及名称……

年		凭证		摘要	对方科目	日	借方金额										√	贷方金额										√	借或贷	余额										√
月	日	种类	号数			页	千	百	十	万	千	百	十	元	角	分		千	百	十	万	千	百	十	元	角	分			千	百	十	万	千	百	十	元	角	分	

明细分类账

总第……页　分第……页

……级科目编号及名称……

……级科目编号及名称……

年		凭证		摘要	对方科目	日	借方金额										√	贷方金额										√	借或贷	余额										√
月	日	种类	号数			页	千	百	十	万	千	百	十	元	角	分		千	百	十	万	千	百	十	元	角	分			千	百	十	万	千	百	十	元	角	分	

明细分类账

总第____页　分第____页

____级科目编号及名称____

____级科目编号及名称____

年		凭证		摘要	对方科目	日	借方金额										✓	贷方金额										✓	借或贷	余额										✓
月	日	种类	号数			页	千	百	十	万	千	百	十	元	角	分		千	百	十	万	千	百	十	元	角	分			千	百	十	万	千	百	十	元	角	分	

明细分类账

总第____页　分第____页

____级科目编号及名称____

____级科目编号及名称____

年		凭证		摘要	对方科目	日	借方金额										✓	贷方金额										✓	借或贷	余额										✓
月	日	种类	号数			页	千	百	十	万	千	百	十	元	角	分		千	百	十	万	千	百	十	元	角	分			千	百	十	万	千	百	十	元	角	分	

明细分类账

总第 页 分第 页

级科目编号及名称

级科目编号及名称

年		凭证		摘要	对方科目	日页	借方金额										√	贷方金额										√	借或贷	余额										√
月	日	种类	号数				千	百	十	万	千	百	十	元	角	分		千	百	十	万	千	百	十	元	角	分			千	百	十	万	千	百	十	元	角	分	

明细分类账

总第 页 分第 页

级科目编号及名称

级科目编号及名称

年		凭证		摘要	对方科目	日页	借方金额										√	贷方金额										√	借或贷	余额										√
月	日	种类	号数				千	百	十	万	千	百	十	元	角	分		千	百	十	万	千	百	十	元	角	分			千	百	十	万	千	百	十	元	角	分	

明细分类账

总第　　页　　分第　　页

级科目编号及名称

级科目编号及名称

年		凭证		摘要	对方科目	日页	借方金额										✓	贷方金额										✓	借或贷	余额										✓
月	日	种类	号数				千	百	十	万	千	百	十	元	角	分		千	百	十	万	千	百	十	元	角	分			千	百	十	万	千	百	十	元	角	分	

明细分类账

总第　　页　　分第　　页

级科目编号及名称

级科目编号及名称

年		凭证		摘要	对方科目	日页	借方金额										✓	贷方金额										✓	借或贷	余额										✓
月	日	种类	号数				千	百	十	万	千	百	十	元	角	分		千	百	十	万	千	百	十	元	角	分			千	百	十	万	千	百	十	元	角	分	

明细分类账

总第……页　分第……页

……级科目编号及名称……

……级科目编号及名称……

年		凭证		摘要	对方科目	日页	借方金额										✓	贷方金额										✓	借或贷	余额										✓
月	日	种类	号数				千	百	十	万	千	百	十	元	角	分		千	百	十	万	千	百	十	元	角	分			千	百	十	万	千	百	十	元	角	分	

明细分类账

总第……页　分第……页

……级科目编号及名称……

……级科目编号及名称……

年		凭证		摘要	对方科目	日页	借方金额										✓	贷方金额										✓	借或贷	余额										✓
月	日	种类	号数				千	百	十	万	千	百	十	元	角	分		千	百	十	万	千	百	十	元	角	分			千	百	十	万	千	百	十	元	角	分	

明细分类账

总第____页　分第____页

____级科目编号及名称________

____级科目编号及名称________

年		凭证		摘要	对方科目	日页	借方金额										√	贷方金额										√	借或贷	余额										√
月	日	种类	号数				千	百	十	万	千	百	十	元	角	分		千	百	十	万	千	百	十	元	角	分			千	百	十	万	千	百	十	元	角	分	

明细分类账

总第____页　分第____页

____级科目编号及名称________

____级科目编号及名称________

年		凭证		摘要	对方科目	日页	借方金额										√	贷方金额										√	借或贷	余额										√
月	日	种类	号数				千	百	十	万	千	百	十	元	角	分		千	百	十	万	千	百	十	元	角	分			千	百	十	万	千	百	十	元	角	分	

明细分类账

总第……页　分第……页

……级科目编号及名称……

……级科目编号及名称……

年		凭证		摘要	对方科目	日页	借方金额										✓	贷方金额										✓	借或贷	余额										✓
月	日	种类	号数				千	百	十	万	千	百	十	元	角	分		千	百	十	万	千	百	十	元	角	分			千	百	十	万	千	百	十	元	角	分	

明细分类账

总第……页　分第……页

……级科目编号及名称……

……级科目编号及名称……

年		凭证		摘要	对方科目	日页	借方金额										✓	贷方金额										✓	借或贷	余额										✓
月	日	种类	号数				千	百	十	万	千	百	十	元	角	分		千	百	十	万	千	百	十	元	角	分			千	百	十	万	千	百	十	元	角	分	

明细分类账

总第……页　分第……页
……级科目编号及名称……
……级科目编号及名称……

年		凭证		摘要	对方科目	日页	借方金额										✓	贷方金额										✓	借或贷	余额										✓
月	日	种类	号数				千	百	十	万	千	百	十	元	角	分		千	百	十	万	千	百	十	元	角	分			千	百	十	万	千	百	十	元	角	分	

明细分类账

总第……页　分第……页
……级科目编号及名称……
……级科目编号及名称……

年		凭证		摘要	对方科目	日页	借方金额										✓	贷方金额										✓	借或贷	余额										✓
月	日	种类	号数				千	百	十	万	千	百	十	元	角	分		千	百	十	万	千	百	十	元	角	分			千	百	十	万	千	百	十	元	角	分	

明细分类账

总第……页　分第……页

……级科目编号及名称……

……级科目编号及名称……

年		凭证		摘要	对方科目	日页	借方金额										✓	贷方金额										✓	借或贷	余额										✓
月	日	种类	号数				千	百	十	万	千	百	十	元	角	分		千	百	十	万	千	百	十	元	角	分			千	百	十	万	千	百	十	元	角	分	

明细分类账

总第……页　分第……页

……级科目编号及名称……

……级科目编号及名称……

年		凭证		摘要	对方科目	日页	借方金额										✓	贷方金额										✓	借或贷	余额										✓
月	日	种类	号数				千	百	十	万	千	百	十	元	角	分		千	百	十	万	千	百	十	元	角	分			千	百	十	万	千	百	十	元	角	分	

明细分类账

总第____页　　分第____页

____级科目编号及名称____________

____级科目编号及名称____________

年		凭证		摘要	对方科目	日页	借方金额										√	贷方金额										√	借或贷	余额										√
月	日	种类	号数				千	百	十	万	千	百	十	元	角	分		千	百	十	万	千	百	十	元	角	分			千	百	十	万	千	百	十	元	角	分	

明细分类账

总第____页　　分第____页

____级科目编号及名称____________

____级科目编号及名称____________

年		凭证		摘要	对方科目	日页	借方金额										√	贷方金额										√	借或贷	余额										√
月	日	种类	号数				千	百	十	万	千	百	十	元	角	分		千	百	十	万	千	百	十	元	角	分			千	百	十	万	千	百	十	元	角	分	

明细分类账

总第……页　分第……页

……级科目编号及名称……

……级科目编号及名称……

年		凭证		摘要	对方科目	日页	借方金额										✓	贷方金额										✓	借或贷	余额										✓
月	日	种类	号数				千	百	十	万	千	百	十	元	角	分		千	百	十	万	千	百	十	元	角	分			千	百	十	万	千	百	十	元	角	分	

明细分类账

总第……页　分第……页

……级科目编号及名称……

……级科目编号及名称……

年		凭证		摘要	对方科目	日页	借方金额										✓	贷方金额										✓	借或贷	余额										✓
月	日	种类	号数				千	百	十	万	千	百	十	元	角	分		千	百	十	万	千	百	十	元	角	分			千	百	十	万	千	百	十	元	角	分	

明细分类账

总第……页　分第……页

……级科目编号及名称……

……级科目编号及名称……

年		凭证		摘要	对方科目	日页	借方金额										✓	贷方金额										✓	借或贷	余额										✓
月	日	种类	号数				千	百	十	万	千	百	十	元	角	分		千	百	十	万	千	百	十	元	角	分			千	百	十	万	千	百	十	元	角	分	

明细分类账

总第……页　分第……页

……级科目编号及名称……

……级科目编号及名称……

年		凭证		摘要	对方科目	日页	借方金额										✓	贷方金额										✓	借或贷	余额										✓
月	日	种类	号数				千	百	十	万	千	百	十	元	角	分		千	百	十	万	千	百	十	元	角	分			千	百	十	万	千	百	十	元	角	分	

明细分类账

总第……页　分第……页

……级科目编号及名称……

……级科目编号及名称……

年		凭证		摘要	对方科目	日页	借方金额										✓	贷方金额										✓	借或贷	余额										✓
月	日	种类	号数				千	百	十	万	千	百	十	元	角	分		千	百	十	万	千	百	十	元	角	分			千	百	十	万	千	百	十	元	角	分	

明细分类账

总第……页　分第……页

……级科目编号及名称……

……级科目编号及名称……

年		凭证		摘要	对方科目	日页	借方金额										✓	贷方金额										✓	借或贷	余额										✓
月	日	种类	号数				千	百	十	万	千	百	十	元	角	分		千	百	十	万	千	百	十	元	角	分			千	百	十	万	千	百	十	元	角	分	

明细分类账

总第____页　分第____页

____级科目编号及名称____________

____级科目编号及名称____________

年		凭证		摘要	对方科目	日页	借方金额										✓	贷方金额										✓	借或贷	余额										✓
月	日	种类	号数				千	百	十	万	千	百	十	元	角	分		千	百	十	万	千	百	十	元	角	分			千	百	十	万	千	百	十	元	角	分	

明细分类账

总第____页　分第____页

____级科目编号及名称____________

____级科目编号及名称____________

年		凭证		摘要	对方科目	日页	借方金额										✓	贷方金额										✓	借或贷	余额										✓
月	日	种类	号数				千	百	十	万	千	百	十	元	角	分		千	百	十	万	千	百	十	元	角	分			千	百	十	万	千	百	十	元	角	分	

明细分类账

编号　　　　页次　　　　总页

货名

存储地点　　　　最高存量　　　　最低存量　　　　计量单位　　　　规格　　　　类别

年		凭证		摘要	收入（借方）												发出（贷方）												结存											
					数量	单价	金额										数量	单价	金额										数量	单价	金额									
月	日	种类	号数				千	百	十	万	千	百	十	元	角	分			千	百	十	万	千	百	十	元	角	分			千	百	十	万	千	百	十	元	角	分

明细分类账

编号＿＿＿＿ 页次＿＿＿＿ 总页＿＿＿＿

货名＿＿＿＿＿＿＿＿

存储地点＿＿＿＿＿＿ 最高存量＿＿＿＿ 最低存量＿＿＿＿ 计量单位＿＿＿＿ 规格＿＿＿＿ 类别＿＿＿＿

年		凭证		摘要	收入（借方）												发出（贷方）												结存											
					数量	单价	金额										数量	单价	金额										数量	单价	金额									
月	日	种类	号数				千	百	十	万	千	百	十	元	角	分			千	百	十	万	千	百	十	元	角	分			千	百	十	万	千	百	十	元	角	分

明细分类账

编号　　　　页次　　　　总页

货名

存储地点　　　　最高存量　　　　最低存量　　　　计量单位　　　　规格　　　　类别

年		凭证		摘要	收入（借方）												发出（贷方）												结存											
					数量	单价	金额										数量	单价	金额										数量	单价	金额									
月	日	种类	号数				千	百	十	万	千	百	十	元	角	分			千	百	十	万	千	百	十	元	角	分			千	百	十	万	千	百	十	元	角	分

明细分类账

编号________ 页次________ 总页________

货名________________________

存储地点________________ 最高存量________ 最低存量________ 计量单位________ 规格________ 类别________

年		凭证		摘要	收入（借方）												发出（贷方）												结存											
					数量	单价	金额										数量	单价	金额										数量	单价	金额									
月	日	种类	号数				千	百	十	万	千	百	十	元	角	分			千	百	十	万	千	百	十	元	角	分			千	百	十	万	千	百	十	元	角	分

明细分类账

编号　　　　页次　　　　总页

货名

存储地点　　　　最高存量　　　　最低存量　　　　计量单位　　　　规格　　　　类别

年		凭证		摘要	收入(借方)												发出(贷方)												结存											
					数量	单价	金额										数量	单价	金额										数量	单价	金额									
月	日	种类	号数				千	百	十	万	千	百	十	元	角	分			千	百	十	万	千	百	十	元	角	分			千	百	十	万	千	百	十	元	角	分

明细分类账

编号______ 页次______ 总页______
货名______
存储地点______ 最高存量______ 最低存量______ 计量单位______ 规格______ 类别______

年		凭证		摘要	收入(借方)												发出(贷方)												结存											
					数量	单价	金额										数量	单价	金额										数量	单价	金额									
月	日	种类	号数				千	百	十	万	千	百	十	元	角	分			千	百	十	万	千	百	十	元	角	分			千	百	十	万	千	百	十	元	角	分

明细分类账

编号________ 页次________ 总页________

货名________________

存储地点________________ 最高存量________ 最低存量________ 计量单位________ 规格________ 类别________

年		凭证		摘要	收入(借方)												发出(贷方)												结存											
月	日	种类	号数		数量	单价	金额										数量	单价	金额										数量	单价	金额									
							千	百	十	万	千	百	十	元	角	分			千	百	十	万	千	百	十	元	角	分			千	百	十	万	千	百	十	元	角	分

明细分类账

编号 ______ 页次 ______ 总页 ______

货名 ______

存储地点 ______ 最高存量 ______ 最低存量 ______ 计量单位 ______ 规格 ______ 类别 ______

年		凭证		摘要	收入(借方)												发出(贷方)												结存											
					数量	单价	金额										数量	单价	金额										数量	单价	金额									
月	日	种类	号数				千	百	十	万	千	百	十	元	角	分			千	百	十	万	千	百	十	元	角	分			千	百	十	万	千	百	十	元	角	分

明细分类账

编号______ 页次______ 总页______

货名______

存储地点______ 最高存量______ 最低存量______ 计量单位______ 规格______ 类别______

年		凭证		摘要	收入（借方）												发出（贷方）												结存											
					数量	单价	金额										数量	单价	金额										数量	单价	金额									
月	日	种类	号数				千	百	十	万	千	百	十	元	角	分			千	百	十	万	千	百	十	元	角	分			千	百	十	万	千	百	十	元	角	分

明细分类账

编号＿＿＿＿ 页次＿＿＿＿ 总页＿＿＿＿

货名＿＿＿＿

存储地点＿＿＿＿ 最高存量＿＿＿＿ 最低存量＿＿＿＿ 计量单位＿＿＿＿ 规格＿＿＿＿ 类别＿＿＿＿

年		凭证		摘要	收入（借方）												发出（贷方）												结存											
					数量	单价	金额										数量	单价	金额										数量	单价	金额									
月	日	种类	号数				千	百	十	万	千	百	十	元	角	分			千	百	十	万	千	百	十	元	角	分			千	百	十	万	千	百	十	元	角	分

明细分类账

编号________ 页次________ 总页________

货名________________________

存储地点________________ 最高存量________ 最低存量________ 计量单位________ 规格________________ 类别________

年		凭证		摘要	收入（借方）												发出（贷方）												结存											
月	日	种类	号数		数量	单价	金额										数量	单价	金额										数量	单价	金额									
							千	百	十	万	千	百	十	元	角	分			千	百	十	万	千	百	十	元	角	分			千	百	十	万	千	百	十	元	角	分

明细分类账

编号______ 页次______ 总页______

货名______

存储地点______ 最高存量______ 最低存量______ 计量单位______ 规格______ 类别______

年		凭证		摘要	收入（借方）												发出（贷方）												结存											
					数量	单价	金额										数量	单价	金额										数量	单价	金额									
月	日	种类	号数				千	百	十	万	千	百	十	元	角	分			千	百	十	万	千	百	十	元	角	分			千	百	十	万	千	百	十	元	角	分

明细分类账

编号…… 页次…… 总页……

货名……

存储地点…… 最高存量…… 最低存量…… 计量单位…… 规格…… 类别……

年		凭证		摘要	收入（借方）												发出（贷方）												结存											
					数量	单价	金额										数量	单价	金额										数量	单价	金额									
月	日	种类	号数				千	百	十	万	千	百	十	元	角	分			千	百	十	万	千	百	十	元	角	分			千	百	十	万	千	百	十	元	角	分

明细分类账

编号 ________ 页次 ________ 总页 ________

货名 ________________

存储地点 ________________ 最高存量 ________ 最低存量 ________ 计量单位 ________ 规格 ________ 类别 ________

年		凭证		摘要	收入(借方)												发出(贷方)												结存											
					数量	单价	金额										数量	单价	金额										数量	单价	金额									
月	日	种类	号数				千	百	十	万	千	百	十	元	角	分			千	百	十	万	千	百	十	元	角	分			千	百	十	万	千	百	十	元	角	分

明细分类账

编号…… 页次…… 总页……

货名……

存储地点…… 最高存量…… 最低存量…… 计量单位…… 规格…… 类别……

年		凭证		摘要	收入（借方）												发出（贷方）												结存											
					数量	单价	金额										数量	单价	金额										数量	单价	金额									
月	日	种类	号数				千	百	十	万	千	百	十	元	角	分			千	百	十	万	千	百	十	元	角	分			千	百	十	万	千	百	十	元	角	分

明细分类账

编号______ 页次______ 总页______

货名______

存储地点______ 最高存量______ 最低存量______ 计量单位______ 规格______ 类别______

年		凭证		摘要	收入（借方）												发出（贷方）												结存											
					数量	单价	金额										数量	单价	金额										数量	单价	金额									
月	日	种类	号数				千	百	十	万	千	百	十	元	角	分			千	百	十	万	千	百	十	元	角	分			千	百	十	万	千	百	十	元	角	分

明细分类账

编号............ 页次............ 总页............

货名............

存储地点............ 最高存量............ 最低存量............ 计量单位............ 规格............ 类别............

年		凭证		摘要	收入（借方）												发出（贷方）												结存											
月	日	种类	号数		数量	单价	金额										数量	单价	金额										数量	单价	金额									
							千	百	十	万	千	百	十	元	角	分			千	百	十	万	千	百	十	元	角	分			千	百	十	万	千	百	十	元	角	分

明细分类账

编号________ 页次________ 总页________

货名________________

存储地点________________ 最高存量________ 最低存量________ 计量单位________ 规格________ 类别________

年		凭证		摘要	收入（借方）												发出（贷方）												结存											
月	日	种类	号数		数量	单价	金额										数量	单价	金额										数量	单价	金额									
							千	百	十	万	千	百	十	元	角	分			千	百	十	万	千	百	十	元	角	分			千	百	十	万	千	百	十	元	角	分

明细分类账

编号________ 页次________ 总页________

货名________

存储地点________ 最高存量________ 最低存量________ 计量单位________ 规格________ 类别________

年		凭证		摘要	收入（借方）												发出（贷方）												结存											
					数量	单价	金额										数量	单价	金额										数量	单价	金额									
月	日	种类	号数				千	百	十	万	千	百	十	元	角	分			千	百	十	万	千	百	十	元	角	分			千	百	十	万	千	百	十	元	角	分

明细分类账

编号　　　　页次　　　　总页

货名

存储地点　　　　最高存量　　　　最低存量　　　　计量单位　　　　规格　　　　类别

年		凭证		摘要	收入（借方）												发出（贷方）												结存											
					数量	单价	金额										数量	单价	金额										数量	单价	金额									
月	日	种类	号数				千	百	十	万	千	百	十	元	角	分			千	百	十	万	千	百	十	元	角	分			千	百	十	万	千	百	十	元	角	分

明细分类账

编号 .... 页次 .... 总页 ....

货名 ....

存储地点 .... 最高存量 .... 最低存量 .... 计量单位 .... 规格 .... 类别 ....

年		凭证		摘要	收入（借方）												发出（贷方）												结存											
					数量	单价	金额										数量	单价	金额										数量	单价	金额									
月	日	种类	号数				千	百	十	万	千	百	十	元	角	分			千	百	十	万	千	百	十	元	角	分			千	百	十	万	千	百	十	元	角	分

明细分类账

编号 ________ 页次 ________ 总页 ________

货名 ________

存储地点 ________ 最高存量 ________ 最低存量 ________ 计量单位 ________ 规格 ________ 类别 ________

年		凭证		摘要	收入(借方)												发出(贷方)												结存											
					数量	单价	金额										数量	单价	金额										数量	单价	金额									
月	日	种类	号数				千	百	十	万	千	百	十	元	角	分			千	百	十	万	千	百	十	元	角	分			千	百	十	万	千	百	十	元	角	分

明细分类账

编号________ 页次________ 总页________

货名________________

存储地点________________ 最高存量________ 最低存量________ 计量单位________ 规格________ 类别________

年		凭证		摘要	收入（借方）												发出（贷方）												结存											
月	日	种类	号数		数量	单价	金额										数量	单价	金额										数量	单价	金额									
							千	百	十	万	千	百	十	元	角	分			千	百	十	万	千	百	十	元	角	分			千	百	十	万	千	百	十	元	角	分

明细分类账

编号＿＿＿＿ 页次＿＿＿＿ 总页＿＿＿＿

货名＿＿＿＿＿＿＿＿

存储地点＿＿＿＿＿＿ 最高存量＿＿＿＿ 最低存量＿＿＿＿ 计量单位＿＿＿＿ 规格＿＿＿＿＿＿ 类别＿＿＿＿＿＿

年		凭证		摘要	收入（借方）												发出（贷方）												结存											
					数量	单价	金额										数量	单价	金额										数量	单价	金额									
月	日	种类	号数				千	百	十	万	千	百	十	元	角	分			千	百	十	万	千	百	十	元	角	分			千	百	十	万	千	百	十	元	角	分

明细分类账

编号…… 页次…… 总页……
货名……
存储地点…… 最高存量…… 最低存量…… 计量单位…… 规格…… 类别……

年		凭证		摘要	收入（借方）												发出（贷方）												结存											
					数量	单价	金额										数量	单价	金额										数量	单价	金额									
月	日	种类	号数				千	百	十	万	千	百	十	元	角	分			千	百	十	万	千	百	十	元	角	分			千	百	十	万	千	百	十	元	角	分

明细分类账

编号　　　页次　　　总页

货名

存储地点　　　最高存量　　　最低存量　　　计量单位　　　规格　　　类别

年		凭证		摘要	收入（借方）												发出（贷方）												结存											
					数量	单价	金额										数量	单价	金额										数量	单价	金额									
月	日	种类	号数				千	百	十	万	千	百	十	元	角	分			千	百	十	万	千	百	十	元	角	分			千	百	十	万	千	百	十	元	角	分

明细分类账

总第……页　分第……页

……级科目编号及名称……

……级科目编号及名称……

年		凭证号数	摘要							
月	日			千百十万千百十元角分	千百十万千百十元角分	千百十万千百十元角分	千百十万千百十元角分	千百十万千百十元角分	千百十万千百十元角分	千百十万千百十元角分

明细分类账

总第＿＿页　分第＿＿页

＿＿级科目编号及名称＿＿＿＿＿＿

＿＿级科目编号及名称＿＿＿＿＿＿

年		凭证号数	摘要							
月	日			千百十万千百十元角分	千百十万千百十元角分	千百十万千百十元角分	千百十万千百十元角分	千百十万千百十元角分	千百十万千百十元角分	千百十万千百十元角分

明细分类账

总第……页　分第……页

……级科目编号及名称……

……级科目编号及名称……

年		凭证号数	摘要							
月	日			千百十万千百十元角分	千百十万千百十元角分	千百十万千百十元角分	千百十万千百十元角分	千百十万千百十元角分	千百十万千百十元角分	千百十万千百十元角分

明细分类账

总第____页 分第____页

____级科目编号及名称____

____级科目编号及名称____

年		凭证号数	摘要																																																																					
月	日			千	百	十	万	千	百	十	元	角	分	千	百	十	万	千	百	十	元	角	分	千	百	十	万	千	百	十	元	角	分	千	百	十	万	千	百	十	元	角	分	千	百	十	万	千	百	十	元	角	分	千	百	十	万	千	百	十	元	角	分	千	百	十	万	千	百	十	元	角	分

明细分类账

总第　　页　　分第　　页

级科目编号及名称

级科目编号及名称

年		凭证号数	摘要							
月	日			千百十万千百十元角分	千百十万千百十元角分	千百十万千百十元角分	千百十万千百十元角分	千百十万千百十元角分	千百十万千百十元角分	千百十万千百十元角分

明细分类账

总第____页　　分第____页

____级科目编号及名称________

____级科目编号及名称________

年		凭证号数	摘要																																																																								
月	日			千	百	十	万	千	百	十	元	角	分	千	百	十	万	千	百	十	元	角	分	千	百	十	万	千	百	十	元	角	分	千	百	十	万	千	百	十	元	角	分	千	百	十	万	千	百	十	元	角	分	千	百	十	万	千	百	十	元	角	分	千	百	十	万	千	百	十	元	角	分

明细分类账

总第……页　分第……页

……级科目编号及名称……

……级科目编号及名称……

年		凭证号数	摘要																																																																					
月	日			千	百	十	万	千	百	十	元	角	分	千	百	十	万	千	百	十	元	角	分	千	百	十	万	千	百	十	元	角	分	千	百	十	万	千	百	十	元	角	分	千	百	十	万	千	百	十	元	角	分	千	百	十	万	千	百	十	元	角	分	千	百	十	万	千	百	十	元	角	分

明细分类账

总第____页　分第____页

____级科目编号及名称____

____级科目编号及名称____

年		凭证号数	摘要																																																																				
月	日			千	百	十	万	千	百	十	元	角	分	千	百	十	万	千	百	十	元	角	分	千	百	十	万	千	百	十	元	角	分	千	百	十	万	千	百	十	元	角	分	千	百	十	万	千	百	十	元	角	分	千	百	十	万	千	百	十	元	角	分	千	百	十	万	千	百	十	元	角	分

明细分类账

总第……页　　分第……页

……级科目编号及名称……

……级科目编号及名称……

年		凭证号数	摘要							
月	日			千百十万千百十元角分	千百十万千百十元角分	千百十万千百十元角分	千百十万千百十元角分	千百十万千百十元角分	千百十万千百十元角分	千百十万千百十元角分

明细分类账

总第　　页　　分第　　页

级科目编号及名称

级科目编号及名称

年		凭证号数	摘要																																																																						
月	日			千	百	十	万	千	百	十	元	角	分	千	百	十	万	千	百	十	元	角	分	千	百	十	万	千	百	十	元	角	分	千	百	十	万	千	百	十	元	角	分	千	百	十	万	千	百	十	元	角	分	千	百	十	万	千	百	十	元	角	分	千	百	十	万	千	百	十	元	角	分

明细分类账

总第　　页　　分第　　页

　　级科目编号及名称

　　级科目编号及名称

年		凭证号数	摘要							
月	日			千百十万千百十元角分	千百十万千百十元角分	千百十万千百十元角分	千百十万千百十元角分	千百十万千百十元角分	千百十万千百十元角分	千百十万千百十元角分

明细分类账

总第______页　　分第______页

______级科目编号及名称______________

______级科目编号及名称______________

年		凭证号数	摘要	千	百	十	万	千	百	十	元	角	分	千	百	十	万	千	百	十	元	角	分	千	百	十	万	千	百	十	元	角	分	千	百	十	万	千	百	十	元	角	分	千	百	十	万	千	百	十	元	角	分	千	百	十	万	千	百	十	元	角	分	千	百	十	万	千	百	十	元	角	分
月	日																																																																							

明细分类账

总第　　页　　分第　　页

级科目编号及名称

级科目编号及名称

年		凭证号数	摘要							
月	日			千百十万千百十元角分	千百十万千百十元角分	千百十万千百十元角分	千百十万千百十元角分	千百十万千百十元角分	千百十万千百十元角分	千百十万千百十元角分

年		凭证号数	摘要	千	百	十	万	千	百	十	元	角	分
月	日												

明细分类账

总第 ...... 页　　分第 ...... 页

...... 级科目编号及名称 ......

...... 级科目编号及名称 ......

千	百	十	万	千	百	十	元	角	分	千	百	十	万	千	百	十	元	角	分	千	百	十	万	千	百	十	元	角	分	千	百	十	万	千	百	十	元	角	分	千	百	十	万	千	百	十	元	角	分	千	百	十	万	千	百	十	元	角	分	千	百	十	万	千	百	十	元	角	分	千	百	十	万	千	百	十	元	角	分

年		凭证号数	摘要																																																												
月	日			千	百	十	万	千	百	十	元	角	分	千	百	十	万	千	百	十	元	角	分	千	百	十	万	千	百	十	元	角	分	千	百	十	万	千	百	十	元	角	分	千	百	十	万	千	百	十	元	角	分	千	百	十	万	千	百	十	元	角	分

明细分类账

总第 页 分第 页

级科目编号及名称

级科目编号及名称

千	百	十	万	千	百	十	元	角	分	千	百	十	万	千	百	十	元	角	分	千	百	十	万	千	百	十	元	角	分	千	百	十	万	千	百	十	元	角	分	千	百	十	万	千	百	十	元	角	分	千	百	十	万	千	百	十	元	角	分	千	百	十	万	千	百	十	元	角	分	千	百	十	万	千	百	十	元	角	分

年		凭证号数	摘要	千百十万千百十元角分	千百十万千百十元角分	千百十万千百十元角分	千百十万千百十元角分	千百十万千百十元角分	千百十万千百十元角分
月	日								

明细分类账

总第……页　分第……页

……级科目编号及名称……

……级科目编号及名称……

千	百	十	万	千	百	十	元	角	分	千	百	十	万	千	百	十	元	角	分	千	百	十	万	千	百	十	元	角	分	千	百	十	万	千	百	十	元	角	分	千	百	十	万	千	百	十	元	角	分	千	百	十	万	千	百	十	元	角	分	千	百	十	万	千	百	十	元	角	分	千	百	十	万	千	百	十	元	角	分

应交增值税

年		凭证号数	摘要	借方发生额																																																	
月	日			千	百	十	万	千	百	十	元	角	分	千	百	十	万	千	百	十	元	角	分	千	百	十	万	千	百	十	元	角	分	千	百	十	万	千	百	十	元	角	分	千	百	十	万	千	百	十	元	角	分

明细分类账

总第 …… 页　　分第 …… 页

……级科目编号及名称 ……

……级科目编号及名称 ……

借方发生额																				贷方发生额																																																				借或贷	余额									
										合计																																																		合计																				
千	百	十	万	千	百	十	元	角	分	千	百	十	万	千	百	十	元	角	分	千	百	十	万	千	百	十	元	角	分	千	百	十	万	千	百	十	元	角	分	千	百	十	万	千	百	十	元	角	分	千	百	十	万	千	百	十	元	角	分	千	百	十	万	千	百	十	元	角	分		千	百	十	万	千	百	十	元	角	分

应交增值税

年		凭证号数	摘要	借方发生额				
月	日			千百十万千百十元角分	千百十万千百十元角分	千百十万千百十元角分	千百十万千百十元角分	千百十万千百十元角分

明细分类账

总第　　页　　分第　　页

级科目编号及名称

级科目编号及名称

借方发生额																				贷方发生额																																																			借或贷	余额									
										合计																																																		合计																				
千	百	十	万	千	百	十	元	角	分	千	百	十	万	千	百	十	元	角	分	千	百	十	万	千	百	十	元	角	分	千	百	十	万	千	百	十	元	角	分	千	百	十	万	千	百	十	元	角	分	千	百	十	万	千	百	十	元	角	分	千	百	十	万	千	百	十	元	角	分		千	百	十	万	千	百	十	元	角	分

应交增值税

年		凭证号数	摘要	借方发生额																																													
月	日			千	百	十	万	千	百	十	元	角	分	千	百	十	万	千	百	十	元	角	分	千	百	十	万	千	百	十	元	角	分	千	百	十	万	千	百	十	元	角	分	千	百	十	万	千	百	十	元	角	分

明细分类账

总第　　页　　分第　　页

级科目编号及名称

级科目编号及名称

借方发生额		贷方发生额					借或贷	余额
	合计					合计		
千 百 十 万 千 百 十 元 角 分	千 百 十 万 千 百 十 元 角 分	千 百 十 万 千 百 十 元 角 分	千 百 十 万 千 百 十 元 角 分	千 百 十 万 千 百 十 元 角 分	千 百 十 万 千 百 十 元 角 分	千 百 十 万 千 百 十 元 角 分		千 百 十 万 千 百 十 元 角 分

公司

会 计 报 表

（资产负债表、利润表）

20　　年度

会计报表封底